Die Bekenntnisse des Ägyptologen Adel H.

Erich von Däniken

Die Bekenntnisse des Ägyptologen Adel H.

Was ein junger Grabräuber unter den Pyramiden von Sakkara entdeckte

KOPP VERLAG

1. Auflage Oktober 2019

Lektorat: Agentur Pegasus, Zella-Mehlis
Umschlaggestaltung, Satz und Layout: Stefanie Beth

ISBN: 978-3-86445-701-2

Gerne senden wir Ihnen unser Verlagsverzeichnis
Kopp Verlag
Bertha-Benz-Straße 10
D-72108 Rottenburg
E-Mail: info@kopp-verlag.de
Tel.: (0 74 72) 98 06-0
Fax: (0 74 72) 98 06-11

Unser Buchprogramm finden Sie auch im Internet unter:
www.kopp-verlag.de

Inhaltsverzeichnis

Brief an meine Leser

Liebe Leserin, lieber Leser!

Im Jahr 2020 werde ich 85 Jahre alt. Über mein Spezialgebiet – den Besuch von Außerirdischen vor Jahrtausenden bis in die Gegenwart – weiß ich recht gut Bescheid. Und ich verstehe auch, dass man durchaus nicht meiner Meinung sein muss. Trotzdem gibt es einen kleinen Unterschied zwischen den Andersdenkenden und mir: Ich kenne ihre Literatur – sie aber meine nicht. Jedes Mal, wenn ich mit einem kritischen Journalisten diskutiere und ihn frage, welches meiner Bücher er denn gelesen habe, kommt die Antwort: keines. Die klugen Lästerer waren weder je bei einem Vortrag von mir noch bei einer Diskussion. Und Bücher gelesen haben sie schon gar nicht. Umso mehr liebe ich die Diskussion mit Skeptikern. Sie verlieren immer.

Ihnen, verehrte Leserinnen und Leser, wünsche ich eine aufregende Lektüre mit meinem 42. Titel.

Sehr herzlich!
Erich von Däniken

Kapitel 1

Die Ermordung

Der Anschlag vom 17. November 1997 vor dem Hatschepsut-Tempel in Luxor war die grässlichste und widerlichste Morderei islamischer Psychopathen – ausgeführt von einer Gruppe muslimischer Feiglinge, die unbewaffnete Touristen abknallten. Begonnen hatte das Drama um 9 Uhr vormittags. Über dem Niltal bei Luxor brannte die frühe Novembersonne. Die ersten Touristen warteten am Kassenhäuschen der Tempelanlage der Königin Hatschepsut (1466–1444 v. Chr.). Sie wollten die einzigartige Grabanlage bestaunen. Eine Information über dem Fensterchen zeigte die aktuellen Eintrittspreise und links daneben die Kopie einer Gravur aus dem Tempel, die da lautete: »Als Denkmal für Amun hat sie es gebaut, dem Herrn der beiden Throne. Amun ist der Allerheiligste.« Plötzlich standen sechs junge, bärtige Araber vor dem Kassenwart. Der blickte erstaunt hoch, wollte nach den Tickets fragen. Da öffnete einer der sechs Bärtigen seine Jacke, riss eine Kalaschnikow heraus und erschoss den Mann sowie zwei danebenstehende Kontrolleure.

Die Touristen in der Warteschlange stieben auseinander. Zu spät. Reihenweise wurden sie abgeknallt.

Auch nach 40 Minuten war weder ein Polizist noch ein Soldat auf dem Gelände. Keine Sirene ertönte, kein Militärhelikopter war zu hören. Kaltblütig nahmen die Mörder immer wieder Einzelpersonen oder Gruppen, die zu fliehen oder sich zu verstecken suchten, ins Visier. Das Echo der Schreie der Opfer gellte von der Tempel- zur Talwand. Dann massakrierten die Feiglinge im Namen Allahs ihre Opfer mit Macheten. Sie steckten eine den Islam preisende Botschaft in den aufgeschlitzten Körper eines japanischen Besuchers. Auch ein 5-jähriger britischer Junge und ein sich in den Flitterwochen befindliches Paar wurden abgeschlachtet. Eine 45 Jahre alte Frau aus Freiburg (Schweiz) hatte sich schützend über ihre Tochter geworfen, sie umklammert und die Augen geschlossen. Als das Rattern der Maschinenpistolen endlich aufhörte, floss Blut aus dem Gesicht des Kindes. Ermordet. Die 23 Jahre alte Manuela Kamuf aus Lörrach stellte sich tot. Neben ihr lag ihr Vater Karl-Heinz. Sein Gesicht wurde von mehreren Schüssen zerfetzt. Die Bilanz des Grauens: 58 hingerichtete Touristen, darunter 36 Schweizer, zehn Japaner, sechs Briten, vier Deutsche und zwei Kolumbianer. Zusätzlich vier Ägypter, davon drei Polizisten und ein Reiseleiter. Adel H. hieß der Mann, und um ihn geht es in diesem Buch.

Wir beide waren Freunde, und wir wussten sehr, sehr viel über Ägyptens jahrtausendealte Geheimnisse. Sowohl über jene unter der Stufenpyramide von Sakkara als auch über jene unter der Sphinx. Nächtelang hatten wir uns über die Netzwerke in der ägyptischen Beamtenhierarchie und ihre Querverbindungen zu den Archäologen unterhalten. Adel H. hatte mich auch wissen lassen, dass er eigentlich diese Gespräche nicht führen dürfe – schon gar nicht mit mir. Er baue auf meine Verschwie-

Bild 1

genheit. Inzwischen sind über 20 Jahre seit seiner Ermordung verstrichen. Adel H. ist nicht mehr.

An jenem Morgen des Grauens hatte Adel H. seine Schweizer Reisegruppe vom Hotel *Meridian* in Luxor zur Barke über den Nil und auf der anderen Flussseite zum modernen, mit einer Klimaanlage versehenen Reisebus begleitet. Wie ich später von einem Überlebenden erfuhr, war die Stimmung an Bord ungezwungen und locker. Man war auf die Anlage der Königin Hatschepsut gespannt. Ihr Tempel stand direkt unter der steil abfallenden Felswand des thebanischen Wüstengebirges. Über die Bordlautsprecher informierte Adel seine Gruppe. Hatschepsut, so dozierte er, hatte 20 Jahre über Ägypten geherrscht. Abbildungen und Statuen zeigen sie als stattliche Figur in männlichen Gewändern mit Bart und den Insignien des Herrschers. Doch Hatschepsut war eine Frau. [Bild 1] Der erste Transgender der Welt? Wie war das möglich?

Als der Pharao Thutmosis II. im Jahre 1479 vor Christus starb, hätte ihn eigentlich sein Sohn Thutmosis III. (1486–1425 v. Chr.)

beerben sollen. Doch der war noch ein Kind, und so wurde seine Stiefmutter Hatschepsut zum Pharao umfunktioniert. Sie entwickelte sich tatsächlich zu einem vollwertigen Herrscher und schuf einen Mythos über ihre angebliche göttliche Herkunft, der besagt, sie sei durch den Gott Amun gezeugt worden. Nach ihrem Tod wurde der rechtmäßige Thutmosis III. aus der 18. Dynastie endlich Pharao. Er regierte immerhin noch 33 Jahre.

Adel erklärte, der Tempel, den sie in wenigen Minuten erreichen würden, zähle zu den großen Meisterleistungen des Neuen Reiches. Die vor Jahrtausenden tätigen Architekten schufen drei harmonisch übereinanderliegende Terrassen. Hatschepsut hatte den Standort wohl deshalb gewählt, weil hier schon Jahrhunderte vor ihr ein Heiligtum der Göttin Hathor gestanden hatte. Die wiederum galt als Göttin der Fruchtbarkeit, der Liebe, der Kunst

und der Wissenschaft. Der eigentliche Tempel der Hatschepsut ist durch eine 1 Kilometer lange Prozessionsstraße vom Tal her erreichbar. Ursprünglich – so erklärte Adel seiner Reisegruppe – sei diese Straße beidseitig durch steinerne Sphingen flankiert gewesen. Jene Sphingen-Allee des Hatschepsut-Tempels habe einst bis zur Anlage des Amun-Re in Karnak geführt. Das wären über 12 Kilometer in gerader Linie. Sphingen sind Mischwesen. Ihr größtes Exemplar ist die berühmte Sphinx vor der Großen Pyramide. Touristen können eine derartige Sphingen-Allee heute noch abwandern. Sie verbindet die knapp 3 Kilometer lange Strecke zwischen dem Luxor- und dem Karnak-Tempel.

Der Hatschepsut-Tempel wird durch eine schräge Rampe durchschnitten, die die zweite mit der dritten Terrasse verbindet. [Bilder 2+3] Beidseitig der Rampe befinden sich je zwölf

Bild 2

Säulen und dahinter, an der Tempelwand, Reliefs mit Darstellungen aus einer fernen Vergangenheit. Gezeigt wird eine Reise vom Nil in das geheimnisvolle Land Punt. Auf anderen Szenenbildern wird die Zeugung der Hatschepsut durch den Gott Amun dargestellt und auf der obersten Terrasse schließlich die Gesichtszüge der Hatschepsut persönlich – mit aufgemaltem Bart und den Insignien des Königtums. Ursprünglich – so Adel – hätten vor den Säulen der obersten Terrasse zwei je 5,50 Meter hohe Statuen des Gottes Osiris gestanden. Königin Hatschepsut selbst ist in Form von neun Kolossalstatuen und nicht weniger als 26 kleineren Statuen zu bestaunen. Wahrhaftig ein Denkmal für die Ewigkeit.

Inzwischen hatte der Bus seinen Parkplatz erreicht. Es war 9 Uhr und 12 Minuten. Adel bat die Mitglieder seiner Reisegruppe, sich in 2 Stunden wieder am selben Punkt einzufinden. Er blieb an der Bustür stehen, bis die letzten Gäste das Fahrzeug verlassen hatten. Zwischen dem Parkplatz und dem Kassenhäuschen lagen 200 Meter. Da hörte Adel die ersten Schüsse. Er rannte an seinen Touristen vorbei nach vorne, sah einen der Mörder mit seiner Kalaschnikow und schrie ihm irgendetwas auf Arabisch entgegen. Vermutlich »Was machst du da?« oder »Im Namen Allahs, sofort aufhören!«.

Der Terrorist, so weiß ich es definitiv von einem Überlebenden, habe gegrinst, die Waffe gehoben und seinen Landsmann und Glaubensbruder Adel mit mehreren Schüssen durchlöchert.

Später verlautbarten die Behörden, wer die Terroristengruppe gewesen sei, wer sie ausgebildet habe und wer dahinterstecke. Es interessierte mich nicht mehr. Auch las man, die Attentäter hätten einen Bus gekapert, um ihr mörderisches Werk am nächsten Tempel fortzusetzen. Dabei sei es zu einem Schusswechsel mit der Polizei gekommen. Einer der Attentäter sei erschossen worden, die anderen hätten sich in eine Höhle flüchten können. Dort, eingekesselt durch die inzwischen angerückte Armee, hätten sie Selbstmord begangen. Persönlich glaube ich kein Wort davon. Die Sicherheitskräfte werden die Attentäter ausgelöscht haben, weil deren Aussagen vor keinem Gericht gehört und in die Welt hinausgetragen werden durften. Sie hätten den Namen Allah besudelt. Lügen in Gottes Namen (»Das alles hat mit dem Islam nichts zu tun …«). Dabei kennen diese verblendeten und missbrauchten Mörder nicht einmal ihren eigenen heiligen *Koran*. Sonst wüssten sie, dass ihr bewunderter und tagtäglich mehrmals angebeteter Gott Allah keine Hilfe von Mördern benötigt, um seinen Willen durchzusetzen. Wie steht es in Sure 2 Vers 118 des heiligen Buches? »Wenn Allah etwas will, so denkt er nur, es sei, und schon geschieht es.« Würde Allah keine Touristen im Lande dulden, keine Andersgläubigen auf dem Planeten wollen, so müsste er nur denken, »es sei« – und schon existierten sie nicht mehr. Allah zu unterstellen, er sei derart klein und machtlos, dass er die Hilfe von Fanatikern benötige, ist eine

Beleidigung des grandiosen Schöpfers. Weshalb nur tritt nach einer muslimisch motivierten Gewalttat nie ein bekannter Mullah vor seine Gläubigen und stellt unmissverständlich klar, dass Gott keine Morde befohlen hat? Dass die widerlichen Bosse, die ein Attentat in Auftrag gaben, nie und nimmer »im Namen Allahs« tätig wurden? Die Welt ist zum Planeten der Lüge verkommen. Besonders eindrücklich ist dies in Bezug auf die Religion.

Kapitel 2

Die erste Begegnung

Wo immer vor Jahrtausenden Hochkulturen blühten – heute blüht dort die Fantasie. Weshalb eigentlich? Weil die Schriften jener Völker nicht mehr existieren oder in irgendwelchen geheimen Archiven schlummern. Zwar gelingt es der Archäologie, mehr oder weniger Ordnung in die Vergangenheit zu bringen – doch mit der Ordnung wachsen neue Fragen. Wer weiß schon, dass bis heute nur rund 20 Prozent der ägyptischen Altertümer ausgegraben wurden? Dass unter der Großen Pyramide von Gizeh Räume existieren? Dass in derselben Pyramide jährlich neue Schächte, Kammern und Korridore angepeilt und elektronisch vermessen werden? Dass die sogenannten »Pyramidentexte« aus der 2. und 3. Dynastie nicht nur von Wünschen des Pharaos nach dem Tode berichten, sondern auch von tatsächlichen Weltraumflügen des jeweiligen Herrschers? Dass die Ägypter Unmengen von Tieren mumifizierten, darunter Millionen von Vögeln, Hunderttausende von Krokodilen, Stieren, Flusspferden und Schlangen, doch auch kleinere Lebewesen wie Käfer, Skorpione, Ratten oder Fische? Dass die »Alten

Ägypter«, jene also, die vor 2500 und mehr Jahren lebten, nicht wussten, wer die Große Pyramide erbaut hat? Dass Kalif Abdullah al-Ma'mun im Innern der Pyramide den Leichnam eines menschenähnlichen Wesens entdeckte, das einen Panzer aus unbekanntem Metall trug? Dazu seltsame leuchtende Steine und undefinierbare Gegenstände? Al-Ma'mun war derjenige, der im Jahre 832 als Erster die Pyramide betrat, nachdem sie jahrtausendelang verschlossen gewesen war.

Diese Fragen machen einen perplex. Wieso weiß »man« das nicht? Ägypten ist touristisch erschlossen, jedermann kann hinreisen und das Staunen wieder lernen. So führe ich denn alle paar Jahre Gäste ins Land am Nil. Jeweils vierzig Neugierige hoffen, in Ägypten mögen ihnen die Lichter aufgehen. Und selbstverständlich gehört zu jeder Studienreise ein ausgebildeter Fachmann für Ägyptologie. So traf ich im Herbst des Jahres 1981 erstmals auf Adel H.

Im Bus zum Hotel stellte er sich vor. Bescheiden, nicht aufdringlich. Eine hagere, etwa 1,80 Meter große Gestalt mit ernsten Gesichtszügen, schwarzen Haaren und – erstaunlich für Ägypten – ohne Bart beziehungsweise Schnurrbart. Die Zähne gepflegt, sein Lächeln ungekünstelt. Kein Schwätzer, der die Touristen mit überflüssigem Palaver und Wichtigtuerei zudeckte. Und auch keiner, der seinen Gästen dauernd etwas andrehen wollte. Geduldig beantwortete er die Fragen der Reisenden. Er kannte Land und Leute, instruierte uns kompetent über die Gesetze und die Religionen am Nil. Obschon Muslim, trank er in kleinen Schlucken Rotwein mit seinen Gästen. Ich wollte wissen: »Adel, wer hat Sie unserer Gruppe zugeteilt? Gibt es bei euch Reiseleitern eine Art Gremium, das befiehlt, wer zu wessen Gruppe muss?«

»Ich wollte diese Gruppe haben«, antwortete Adel. »Mein Wunsch war, Sie kennenzulernen.« Er blickte mir geradewegs in die Augen.

Ich erfuhr, irgendwo in Kairo existiere ein Tourismusbüro mit einer Art Mensa für die Reiseleiter. An einem großen Anschlagbrett würden die zu erwartenden Reisegruppen aufgelistet, nach Kriterien wie: Ankunfts- und Abreisedatum, Teilnehmerzahl, Reiseveranstalter, Kategorie (Schiffs- oder Busfahrt? Bescheiden? Luxus?), Sprache, Durchschnittsalter der Teilnehmer etc. Als er meinen Namen gelesen habe: »Gruppe Erich von Däniken«, sei er augenblicklich zum Chef gelaufen, um zu erkunden, ob er diese Reisegruppe führen dürfe. Der Vorgesetzte habe ihn lange angestarrt und schließlich gefragt, ob er, Adel, wisse, wer dieser Erich von Däniken sei? Er könnte, so habe der Chef orakelt, gefährlich werden und möglicherweise dem lokalen Reiseführer dauernd widersprechen. Vermutlich sei »dieser Däniken« recht gut informiert.

Adel klärte den Chef auf. Er kenne vier Bücher von Erich von Däniken und befürchte weder dessen mögliche Besserwisserei noch die unqualifizierten Fragen der Reiseteilnehmer.

»Woher kommt Ihr perfektes Deutsch?«, erkundigte ich mich.

»Ich habe die Frage erwartet«, lächelte er und angelte einen Ausweis aus seiner Brieftasche. »Ich studierte 4 Jahre am Institut für Ägyptologie der Universität Wien.«

»Ägyptologie? Was sonst?«

»Nicht nur. Auch Epigrafik, Deutsch und selbstverständlich hieroglyphische Texte und Denkmäler. Wien ist eine herrliche Stadt. Und ob Sie es glauben oder nicht, ich besuchte im Auditorium maximum der Universität einen Vortrag von Ihnen. Habe mir sogar ein Buch signieren lassen. Doch daran werden Sie sich kaum erinnern.«

Die darauffolgenden Abende, immer nachdem sich die Touristen in ihre Quartiere zurückgezogen hatten, trafen wir uns an irgendeiner Ecke der Bar. Langsam begann ich zu ahnen, was Adel antrieb. Er sah in mir den Theoretiker, den Bücherwurm, der Zugang zu den alten Texten hatte, während er selbst als Praktiker fungierte. Er buddelte im Gelände, kroch in verlassene Schächte, arbeitete auch mit Grabräubern zusammen. Ein veritabler Ägyptologe und staatlich anerkannter Reiseleiter als Grabräuber? Etappenweise hörte ich von verwandtschaftlichen Beziehungen zwischen dem alteingesessenen Grabräuber-Clan »jener der Razuls« und seiner eigenen Familie. Ich erfuhr, es sei der junge Achmed Razul gewesen, der im Herbst 1922 den Briten Howard Carter (1874–1939) zur Grabkammer von Tutenchamun geführt habe. Ob ich die Geschichte von diesem Howard Carter kenne, wollte Adel wissen.

»Kaum«, erwiderte ich. »War das nicht der Engländer, der das berühmte Grab von Tutenchamun entdeckte?«

»Das ist die Version für die Öffentlichkeit«, lächelte Adel. »Doch dieser Howard Carter war nicht das akademische Unschuldslamm der Lehrbücher. Schon seit 1899 hatte er als Inspektor der Altertumsverwaltung für Oberägypten und Nubien gewirkt und damals mit Grabräubern zusammengearbeitet. Vermutlich funktionierte es auch nicht anders, denn eine klassische Archäologie war damals gerade erst im Entstehen. Von 1904 bis 1908 arbeitete Carter als Maler, Touristenführer und auch Dolmetscher in Luxor. Von ›den Razuls‹ erhielt er immer wieder Antiquitäten und verschacherte sie an Touristen.«

»Und dann entdeckte er Tutenchamuns Grab – einfach so?«, wollte ich wissen.

»Unsinn.« Adel klatschte zwei Fliegen tot. »Carter kam Ende Oktober 1922 wieder von England nach Luxor zurück. Er genoss die finanzielle Unterstützung eines reichen Engländers: Lord Carnarvon (1866–1923). Anfang November arbeitete Carter im Tal der Könige am Grab von Ramses VI. [Bild 4] Dort stieß er auf eine Kartusche des Gottes Anubis und schickte seinem Gönner ein Telegramm nach London. Ich kenne den Text

aus meinem Studium: ›Made at last wonderful discovery in the Valley a magnificent tomb with seals intact recovered same for your arrival.‹ (›Ich machte endlich eine wunderbare Entdeckung im Tal. Prächtiges Grab mit ungebrochenen Siegeln. Ich habe es bis zu Ihrer Ankunft wieder zuschütten lassen.‹).«

»Schon dieses Telegramm« – Adel lächelte nachsichtig und nippte am Weinglas – »war eine Lüge. Achmed Razul, einer der Söhne der Grabräuberfamilie, hatte Howard Carter schon Tage *vorher* zu exakt diesem Grab von Tutenchamun geführt. Nach dem Telegramm reiste sein Sponsor Lord Carnarvon prompt nach Ägypten, und gemeinsam, vor den Augen von Journalisten und einigen Fachleuten, fand eine offizielle Graböffnung statt. Überliefert wird, wie einige Arbeiter Steinplatten zur Seite bugsierten und Howard Carter eine Fackel in einen Spalt schob. Der nervöse, hinter ihm stehende Lord Carnarvon hielt es nicht mehr aus und fragte ungeduldig: ›Was sehen Sie?‹ Carter antwortete mit ruhiger Stimme: ›Ich sehe unglaubliche Dinge.‹«

»Ich habe die Geschichte dieser Entdeckung mal irgendwo gelesen. Was ist daran falsch?«, erkundigte ich mich.

»Carter hat gelogen. Er war schon Tage *vorher* im Grab, geführt von Achmed Razul. Vermutlich hatte er auch einige Schätze mitgehen lassen, um sie nicht mit der Regierung teilen zu müssen. Weshalb? Carters Vereinbarung verpflichtete ihn, die Hälfte der Schätze den Ägyptern zu überlassen. Übrigens: Erst Jahre später wurde eine Bestandsaufnahme gemacht. Im Grab von Tutenchamun befanden sich exakt 5398 Gegenstände. Der bekannteste darunter war die goldene Totenmaske des jungen Königs, die heute weltweit in Sonderausstellungen gezeigt wird.«

Die unglaubliche Geschichte, die mir Adel bereits im Herbst des Jahres 1981 an der Bar des Hotels *Semiramis,* das unweit der Pyramiden liegt, erzählte, wurde 5 Jahre später vom Ägyptologen Dr. Rolf Krauss bestätigt. [1] Howard Carter verlor nach der Entdeckung des Tutenchamun-Grabes sein Interesse an der wissenschaftlichen Archäologie. Mit der Altertumsverwaltung in Kairo wollte er nichts mehr zu tun haben, und oft schimpfte er öffentlich gegen sie. Seinen Lebensunterhalt finanzierte er aus Vorträgen und saftigen Provisionen als Kunsthändler. Er starb am 2. März 1939 in seiner Wohnung in Kensington, England, an einer Lungenkrankheit. Journalisten schrieben von einem Fluch des Pharao.

»Alles verwirrend«, bemerkte ich kopfschüttelnd. »Einer der berühmtesten Entdecker ägyptischer Altertümer, einer der meistbewunderten Archäologen – gleichzeitig ein Grabräuber? Wow!«

»Auch ich bin Ägyptologe und Reiseleiter – und auch ich komme ohne die Grabräuber nicht weiter. Sie gehören zu unserer Gesellschaft. Ich bewege mich in bester Umgebung!«

»Hast du« – wir waren irgendwann zum Du übergegangen –, bohrte ich weiter, »auch schon echte Antiquitäten verscherbelt?«

»Ja. Es ging nicht anders.«

»Du kennst also Gräber, die archäologisch noch gar nicht erschlossen sind …?«

»Nicht nur das. Meine Sippe kennt geräumige unterirdische Anlagen, die aus einer Zeit stammen müssen, die jenseits unserer Vorstellungskraft liegt. Jahrzehntausende oder noch mehr zurück.«

Ich widersprach nicht, sondern stellte mir stattdessen die Frage: Wäre es möglich, dass ich dank Adel wenigstens Teile von derartigen Anlagen zu Gesicht bekam? Zudem waren mir einige antike Bücher vertraut, die vor 2000 und mehr Jahren geschrieben worden waren und in denen über Labyrinthe unter der Erde berichtet wurde. Sogar Altersangaben hatten die antiken Autoren gemacht, vor denen unseren Archäologen allerdings graut. Wissend schwieg ich. Unter welchen Wüsten, Siedlungen oder Heiligtümern mögen sie nur liegen, diese verschollenen, unterirdischen Welten aus fernen Zeiten? Zugeschüttet? Von wem? Vergessen? Durch Naturkatastrophen unzugänglich geworden? Und wo eigentlich sind die Millionen von Büchern, die in jener Vergangenheit verfasst wurden? Verbrannt? Zerstört? Absichtlich vernichtet? Weshalb? Und ist das wenige, was heute noch vorliegt, alles? Oder existieren geheime Bibliotheken? Zugänglich nur für Kuttenträger oder Mitglieder von obskuren Orden? Wer eigentlich hatte über Jahrtausende hinweg ein Interesse daran, Bücher zu schreiben, zu horten und zu verstecken, und wer wollte ebendiese Bücher wieder vom Erdboden verschwinden lassen? Kannte Adel H. verborgene Bibliotheken? Hatte die Grabräubersippe, jene »der Razuls«, Kammern oder gar Hallen mit jahrtausendealten Schätzen entdeckt und schwieg darüber? War der studierte Ägyptologe Adel H. ein Eingeweihter? Und aus welchen Gründen mochte er den Kontakt mit mir gesucht haben?

Im März des Jahres 1984 weilte Adel bei mir in der Schweiz. Ich hatte ihn mitsamt seiner Gattin für 2 Wochen eingeladen. Nachmittag für Nachmittag verbrachten wir in meinem Archiv.

Und das darf sich sehen lassen: Über 100 000 Bilder sind blitzsauber geordnet und in Schubladen archiviert, dazu Korrespondenzen mit berühmten und weniger bekannten Personen aus aller Welt.

»Adel«, sprach ich ihn an einem Nachmittag an, »weshalb gibt es eigentlich keines meiner Bücher in arabischer Sprache?« Ich zeigte ihm Übersetzungen von Däniken-Titeln in Chinesisch, Japanisch, Tamil, Russisch, selbstverständlich Englisch, Französisch und Spanisch. »Was haben die Araber gegen mich?«

Wir setzten uns an den zwölfplätzigen weißen Konferenztisch, schlürften starken, schwarzen Tee und rauchten.

»Ich denke nicht, dass die Araber grundsätzlich etwas gegen Dich hätten, die wissen gar nichts von Dir. Es ist eher die islamische Geistlichkeit, die Deine Werke verdammt.«

»Wieso? In jedem Buch mache ich doch klar, dass ich ein tiefgläubiger Mensch bin …«

»… aber in deinen Büchern schreibst Du dauernd von ›Göttern‹. Das verträgt sich überhaupt nicht mit dem *Koran*. Du kennst doch die Gebete, die täglich sechsmal vom Minarett gesungen werden. ›La ilahe allallah Muhammeden rasulullah …‹ (›Allah ist groß, und Mohammed ist sein Prophet.‹). Es darf keine Götter neben Allah geben.«

»Richtig. Aber meine sogenannten ›Götter‹ sind doch gar keine Götter. *Es gibt keine Götter.* Wir Heutigen wissen das. Unsere steinzeitlichen Vorfahren wussten das aber nicht. Sie betrachteten die Außerirdischen als Götter. So entstand der Glaube an irgendwelche ›Götter‹. Alles ein gewaltiges Missverständnis! Die ›Götter‹ waren fremde Astronauten.«

»*Mir* musst du das nicht erklären«, lachte Adel. »Aber mach das mal der muslimischen Geistlichkeit klar!«

Später beschlossen wir, Adel solle eines meiner Bücher vom Deutschen ins Hocharabische übersetzen. So steige vielleicht die

Chance, ein arabisches Verlagshaus dafür zu interessieren. Ein halbes Jahr später lag die Übersetzung vor. Adel hatte fleißig gearbeitet. Einen Abnehmer fanden wir trotzdem nicht. Adel erklärte, er habe mit mehreren intellektuell geschulten Verlegern gesprochen, auch mit solchen, die im Westen studiert hätten. Doch keiner wolle das Risiko eingehen. Jeder habe Angst vor den Mullahs. Die wiederum befürchteten eine Art von »spiritueller Revolution«, einen Aufstand der Gläubigen gegen den heiligen *Koran*. Ich konnte das sehr wohl nachempfinden. Schließlich war mir die lange, leidensvolle Geschichte von der Entstehung und Vernichtung von Millionen von Büchern bekannt. Was ich über Jahrzehnte hinweg zusammengetragen hatte und etappenweise in früheren Büchern veröffentlichte, erzählte ich nun dem Ägyptologen Adel H. Auch er lernte das Staunen wieder. Was wissen wir eigentlich über jene unbekannten Schreiber, die vor Jahrtausenden tätig waren, und ihre Werke?

Begonnen hatte alles mit der Menschwerdung – mit dem Erwachen des Verstandes. Unsere ehedem affenartigen Vorfahren kannten nur Grunz- und Zischlaute. Dann kam die Sprache – nach meinen Forschungen entstanden durch eine gezielte, künstliche Mutation der Außerirdischen. Die Lehrmeinung lehnt dies ab und erkennt nur natürliche Veränderungen an – Evolution. Irgendwann lernten die Menschen an Fingern und Zehen das Zählen, und schließlich wurden Steinchen nebeneinandergelegt, um Tiere und Waren zu größeren Mengen zu ordnen. Gleichzeitig begannen die Tempel zu wachsen. Die Priester verlangten Opfer, und die mussten abgezählt werden. Als Nächstes entwickelten die Menschen Bildzeichen – heute nennt man sie Piktogramme. Dann, schon im 4. Jahrtausend vor Christus, entstanden abstrakte Zeichen aus keilförmigen Elementen. Und daraus eine erste Schriftart: die Keilschrift.

Die größte bis heute gefundene Keilschriftbibliothek war diejenige des Königs Assurbanipal. Der herrschte von 669 bis 631 vor Christus über das Assyrische Reich. Seine gewaltige Sammlung wurde im 19. Jahrhundert im Hügel von Kujundschik bei der ehemaligen Stadt Ninive (heutiger Nordirak bei Mossul) gefunden. Nicht weniger als 25 000 Tontafeln hatte Assurbanipal beschriften lassen, darunter eine Abschrift des viel älteren *Gilgamesch-Epos,* eine des babylonischen Schöpfungsmythos *Enuma-Elisch,* doch auch eine Abschrift des *Codex Hammurabi.* (Hammurabi [1728–1686 v. Chr.] hatte ein Gesetzeswerk in Stein meißeln lassen und berief sich dabei ausdrücklich auf »göttliche Offenbarungen« [2].) Der rund 1000 Jahre später lebende Assurbanipal muss ein sehr gelehrter Herrscher gewesen sein. Jede Tontafel wurde mit seinem Namen versehen. Die Abschriften älterer Texte aus fernen Bibliotheken ließ er durch seine Schreiber vor Ort durchführen und nach Ninive bringen. Doch beschlagnahmte er auf seinen Feldzügen auch ganze Tontafelsammlungen. Assurbanipal rühmte sich, selbst schreiben zu können und hinsichtlich der Wissenschaft der Zeichen am Himmel eingeweiht zu sein. Zudem kenne er die Schriften aus der Zeit vor der Flut.

Entgegen unserer Lehrmeinung, die Schrift habe sich in einem jahrtausendelangen Prozess entwickelt, berichten die gelehrten Schreiber der damaligen Zeiten etwas anderes. Die Schrift sei von den Göttern zu den Menschen gebracht worden, behaupten sie. So schreibt Diodor von Sizilien, der im 1. vorchristlichen Jahrhundert lebte und einige Jahre in Alexandria verbrachte, die Menschen hätten zuerst »in einem ungeordneten und halbtierischen Zustand gelebt«. [3] Sie seien einzeln auf Nahrungssuche gegangen und hätten sich nur zusammengerottet, wenn sie von wilden Tieren angegriffen wurden. Ihre Sprache habe aus einem Brei verschiedener Laute bestanden, und erst allmählich hätten sie gelernt, bestimmten Gegenständen bestimmte Worte zuzuordnen. In diese Zeit seien die Götter hineingeplatzt, und die hätten den Menschen abgewöhnt, »sich gegenseitig aufzufressen«. Auch hätten die Götter die Menschen im Bergbau unterwiesen und ihnen beigebracht, Weizen und Gerste zu züchten. Schließlich hätten die Götter »vieles mit Namen belegt, wofür man bisher noch keinen Ausdruck kannte«. Und dann brachten die Götter einigen wenigen Menschen das Schreiben bei.

In ähnlicher Weise äußern sich mehrere der antiken Schreiber, darunter Berossos, ein im 4. Jahrhundert vor Christus lebender Priester Babylons. Er verfasste ein dreibändiges Geschichtswerk, die *Babylonika,* von dessen Original bis auf wenige Fragmente nichts mehr vorhanden ist. Dank Alexander Polyhistor (um 100 v. Chr.), dem Kirchenfürsten Eusebius von Cäsarea (260–339 n. Chr.) und dem jüdischen Historiker Flavius Josephus (37 bis circa 100 n. Chr.) wissen wir überhaupt etwas von der *Babylonika.* Auch Berossos schrieb, ursprünglich seien die Menschen von Göttern unterwiesen worden:

»Im ersten Jahr ist aus dem Erythräischen Meer [heute Arabisches Meer, EvD] ein vernunftbegabtes Lebewesen mit dem Namen Oannes erschienen. Dieses Wesen verkehrte den Tag über mit den Menschen, ohne Speisen zu sich zu nehmen, und überlieferte ihnen die Kenntnis der Schriftzeichen, der Wissenschaften und anderer Künste und lehrte sie, wie man Städte baut und Tempel errichtet, wie man Gesetze einführt und das Land vermisst … Seit jener Zeit haben die Menschen nichts Bedeutendes mehr dazugelernt.« [4]

Je nach Übersetzung wird Oannes als »Fischwesen«, »Weiser« oder »Gelehrter« interpretiert. Erstaunlich bleibt, dass im heiligen Buch der Parsen, dem *Avesta,* ein ähnlicher Lehrmeister mit dem Namen Yma auftaucht. [5] Und sogar alte chinesische

Überlieferungen kennen einen himmlischen Lehrmeister, der den Menschen die Schrift brachte [6] – nicht anders in der japanischen Schöpfungsmythe. [7]

Der Kirchenfürst Eusebius schreibt in seinem fünften Band, dort, wo er über die Chaldäer berichtet:

»Und im ersten Jahr erschien aus dem Arabischen Meer, inmitten des Gebietes der Babylonier, ein furchtbares Untier …, die Stimme gemäß der Stimme des Menschen, dessen Bild noch bis jetzt und Zeichnung aufbewahrt werde …, dasselbe Tier verkehrte tagsüber mit den Menschen, ohne irgendwelche Speisen zu sich zu nehmen … und es lehrte den Menschen die *Schriftkunde* und die mannigfaltigen Künste …« [8] (kursive Hervorhebung durch den Autor)

Weltweit betrachtet berichteten die meisten antiken Historiker, es seien die Götter gewesen, die den Menschen das Schreiben beibrachten.

Ob Götter oder Evolution: Geschrieben wurde viel, es entstanden Hunderttausende von Bänden. In Ägypten waren es die Hieroglyphen, von denen die ersten bereits um 3200 vor Christus auftauchten, und dies im sogenannten Fürstengrab Naquada III. Entstanden waren die Hieroglyphen aus einer ursprünglichen Bilderschrift. Um 600 vor Christus existierten bereits 7000 hieroglyphische Zeichen – wobei das Wort »Hieroglyphen« aus dem Altgriechischen kommt und dort »heilige Schriftzeichen« bedeutet. Die Ägypter selbst nannten ihre Hieroglyphen »Schrift der Gottesworte«, und nach ihrer Überlieferung war es Thot, der Gott der Weisheit, der ihnen die Schrift beigebracht habe.

Die Ägypter beschrifteten alles: Tempelwände, Säulen, Decken – bis hin zum Inneren der Pyramiden. Dort, etwa im Grab von Unas (2356–2323 v. Chr.), wurden die Wände komplett mit Inschriften bemalt. Schließlich entdeckten die Ägypter, wie sich die Texte auf Papyrus übertragen ließen. Und damit stieg der Umfang von Dokumenten ins Uferlose. Papyrus ist eine Wasserpflanze, bei der die einzelnen Stängel bis zu 4 Meter hoch werden können. Mit einem Messer wird von diesen Stängeln die grüne Rinde abgezogen und in etwa 20 Zentimeter lange Streifen zerschnitten. Früher fertigte man aus der Rinde Sandalen, Gürtel und kleine Handtaschen. Heute dient der Abfall als Brennmaterial. Das Mark im Innern der Stängel wird in Lamellen geschnitten und für 6 Tage in ein Wasserbad gelegt. Dies bewirkt eine Sättigung und zudem eine Bräunung der Papyrusstreifen. Anschließend werden die Lamellen mit einer Presse oder einem Walkholz breitgequetscht und kreuzweise, immer ein Streifen waagrecht und einer senkrecht, auf ein Baumwolltuch gelegt. Ein zweiter Lappen kommt darauf und eine weitere Pressung zwischen die Tücher. Die werden so lange getrocknet, bis das so entstandene Schachbrettmuster keinerlei Flüssigkeit mehr enthält. Weil das Papyrusmark Gelatine enthält, bleiben die eingetrockneten Streifen aneinander kleben. Nach circa 1 Woche ist aus dem Ganzen ein elastisches und recht widerstandsfähiges Papyrusblatt geworden, das sich mühelos in allen Farben bemalen lässt. So entstanden ganze Papyrusbibliotheken (und im asiatischen Raum parallel dazu Palmblattbibliotheken). Heute sind beschriftete Papyrusblätter ein dankbares Souvenir für Touristen. Sie sind leicht transportierbar, gehen nicht kaputt und können daheim, mit einem passenden Bilderrahmen versehen, in jedem Korridor und jedem Speisezimmer aufgehängt werden – Andenken an das rätselhafte Land am Nil.

Im Gegensatz zu Papyrus oder Palmblättern besteht Pergament aus bearbeiteten Tierhäuten. Das Material soll in Pergamon, dem heutigen Bergama in der Westtürkei, erfunden worden sein – dies bereits gegen 400 vor Christus. Nicht weniger als 200 000 Pergamentrollen wurden dort aufbewahrt. Neben der Papyrusbibliothek von Alexandrien wuchs die Sammlung von Pergamon zur zweitgrößten Bibliothek der damaligen Welt heran. Darüber berichtete schon Strabon (ca. 63 v. Chr.–23 n. Chr.) in seinem Werk *Geographika*. Er schrieb, Eumenes II. (221–158 v. Chr.), der König von Pergamon, habe die Stadt durch Denkmäler und eine große Bibliothek erweitert. Der Ort selbst blieb über 1500 Jahre unauffindbar, bis der deutsche Ingenieur Carl Humann (1839–1896) am Südhang der westtürkischen Stadt Bergama zufällig auf Ruinen stieß. Schließlich beauftragte ihn das Deutsche Museum in Berlin mit den Ausgrabungen, die er von 1876 bis 1886 leitete. Aus dem Ingenieur war ein veritabler Archäologe geworden – und Pergamon zur Domäne der deutschen Altertumsforschung. Das Pergamon-Museum in Berlin zeugt davon.

Auf der anderen Seite des Mittelmeeres, in Ägypten, regierte Ptolemaios I. (367–282 v. Chr.). Der war ursprünglich General unter Alexander dem Großen (356–323 v. Chr.) gewesen. Dann, nach dem Tod seines Herrschers, sicherte er sich die Macht in Ägypten und gründete die »Ptolemäischen Dynastien«. Dieser Ptolemaios muss eine gelehrte Persönlichkeit gewesen sein, denn ihm verdankt die Welt die Bibliothek von Alexandrien. Damit entwickelte sich der ehemalige Badeort am Mittelmeer zur intellektuellen Großstadt.

Weltberühmte Personen wie Euklid (um 300 v. Chr.), der Vater der Geometrie, Archimedes (287–212 v. Chr.), der größte Mathematiker der damaligen Zeit, oder Diodor von Sizilien (1. Jahrhundert v. Chr.) studierten in der Bibliothek von Alexandrien. Zur Zeit von Julius Cäsar (um 47 v. Chr.) soll die Bibliothek sage und schreibe 700 000 Papyrusrollen und Pergamente verwaltet haben.

Doch damals, in jenen Jahrtausende zurückliegenden Epochen, führte jedes Herrscherhaus auf dem weiten Erdenrund eine Bibliothek, die Könige und Königinnen von Saba – heute Äthiopien und der Jemen – genauso wie jene im fernen Zentralamerika. Dort bemalten die Maya Zehntausende von Blättern mit vierfarbigen Bildzeichnungen. Die Maya-Archäologie nennt diese Blätter »Codices« (Einzahl: Codex). Die einzelnen Seiten bestehen aus dünnen Schichten der Rinde des Feigenbaumes. Dabei wurde die Rinde zuerst weichgeklopft und mit dem Saft des Gummibaumes elastisch gemacht. Dazu kam Stärke aus Pflanzenknollen. Die Mischung wurde auf einen flachen Stein aufgetragen und mit einer hauchdünnen Kalkschicht überzogen. Diese Kalkschicht brachte die Farben zum Leuchten. Über das fertig bemalte Blatt kam ein dünner, durchsichtiger Lack. Dabei beschrieben die Maya ihre Blätter beidseitig und klebten die einzelnen Blätter schließlich an einem Rand zusammen. Maya-Schriften können auseinandergezogen werden wie eine Handorgel. [Bild 5] Insgesamt verwendeten die Maya nicht weniger als 6730 Hauptzeichen und 7500 sogenannte Affixe, also hinzugefügte Silben.

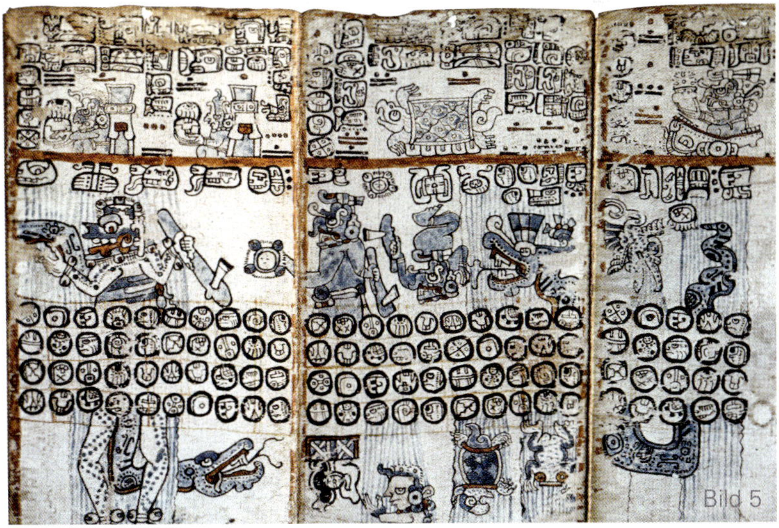

Bild 5

Professor Dr. Thomas Barthel, einer der Maya-Forscher, fand heraus, dass die Maya-Schrift einen »offenkundigen Mischcharakter aufweise, weil die gleichen Zeichen völlig verschiedene Dinge bedeuten können«. [9] Auch gebe es, so Dr. Barthel, »ganze Hieroglyphenblöcke, die mitten in einem Zahlentext stehen«, oder Wortspielereien, »die zahlreiche Lesungsvarianten anbieten, deren Sinn in ganz verschiedene Richtungen weist«. [10]

Nur wenige Fachleute kämpfen sich durch das Dickicht der Maya-Hieroglyphen. Die zurzeit wohl besten Maya-Epigrafen (Schriftkenner) sind die Professoren David und George Stuart von der University of Texas in Austin, USA. In ihrer aktuellsten Veröffentlichung analysierten sie die Schriftzeichen auf der berühmten Grabplatte von Palenque und kamen zu völlig neuen Erkenntnissen. [11] Die bisherigen Interpretationen gingen davon aus, der Maya-Herrscher Pacal stürze in den geöffneten Rachen eines Ungeheuers, aus seiner Brust heraus wachse das »Lebenskreuz« etc. Alles Unsinn, analysierten die Gelehrten David und George Stuart. »Die Platte kann, als Ganzes betrachtet, als gewissenhaft zusammengestelltes Modell des Kosmos betrachtet werden.« [11]

Was der heutigen Forschung derart große Schwierigkeiten bereitet, war wohl eher eine absichtliche Schöpfung der Maya. Ihre heiligen Bücher galten als Geheimcode, bestimmt nur für Priester und Eingeweihte. Dazu kam noch, dass die Schriften von Stammesgebiet zu Stammesgebiet andere Sprach- und Bildformen aufwiesen, ähnlich wie bei unseren Dialekten. Heute kennt man über 1200 Maya-Schriften, oft nur in Bruchstücken, die an über hundert Fundorten ausgegraben wurden. Dazu kommen die Schriften auf Maya-Tempeln und -Treppen. »Alle Tempel sind von Schriftzeichen und Bildern übersät«, vermerkt Maya-Archäologe Dr. Herbert Wilhelmy. [12]

Antike Schriften und Bücher aus sämtlichen Weltgegenden, nicht zu Tausenden, Zehntausenden oder Hunderttausenden – nein, gleich zu Millionen. Wo sind die geblieben?

Neben den öffentlichen Büchereien, zugänglich für jedermann, der des Lesens kundig war, wurden schon damals – vor Jahrtausenden! – geheime Bibliotheken angelegt. Weshalb? Fürchtete man die Zerstörung durch Feinde? Nein! Erwartet wurde die nächste katastrophale Flut. Wussten denn »die Alten« etwas von einer früheren Flut?

Definitiv Ja. In Platons Bericht über Atlantis wird über mehrere Vernichtungen der früheren Menschheit berichtet.

»Um sie denn zu Mitteilungen über die Urzeit zu veranlassen, brachte er einmal die Rede auf die ältesten Zeiten Griechenlands ... und auf Niobe, und wie nach der großen Flut Deukalion und Pyrrha übrig blieben ... Kaum nämlich, dass es bis zur Entstehung des Schriftwesens und alles dessen, was sonst die städtische Kultur erfordert, da ergießt sich schon wieder in periodischer Wiederkehr wie eine Krankheit die Flut des Himmels über euch und lässt nur Leute mit dem Leben davonkommen, die vom Schriftwesen nichts verstehen und aller Bildung ledig sind. So kommt es, dass ihr immer wieder gleichsam von Neuem jung werdet, ohne jede Kunde von dem, was sich in alten Zeiten, sei es hier bei uns, sei es bei euch, ereignet hat ... Denn ihr erinnert euch nur einer einzigen Überschwemmung der Erde, während es doch schon so viele vorher gegeben hat ...« [13]

Ich wies in einem früheren Buch darauf hin, dass Sintflutgeschichten ein weltweites Phänomen der antiken Literatur sind. [14] Ob es der griechische Geograf Strabon (um 63 v. Chr.– 23 n. Chr.) oder Plinius der Ältere (23–79 n. Chr.), ob Hesiod (um 700 v. Chr.) oder Herodot (486– ca. 430 v. Chr.), ob Hekataios (550–480 v. Chr.) oder der Babylonier Berossos (spätes

4. und frühes 3. Jahrhundert v. Chr.), ob der uns näherliegende Diodoros von Sizilien (1. Jahrhundert v. Chr.), der weiter entfernte Phönizier Sanchuniathon (um 150 v. Chr.) oder im fernen Zentralamerika die unbekannten Maya-Schreiber waren – es spielt letztlich keine Rolle, *wen* ich als Zeugen aufrufe, denn die Bilanz bleibt stets die gleiche: Alle schrieben über Fluten, die sich vor 10 000 und mehr Jahren ereigneten.

Die Fluten waren der Grund, warum verborgene Bibliotheken angelegt wurden. Die Nachwelt sollte nie vergessen, was die Vorfahren gewusst hatten. In seiner *Chronik* überlieferte Eusebius:

»Kron … habe Befehl gegeben, sämtliche, sowohl die ersten als auch die letzten, Schriftwerke zu vergraben und niederzulegen in der Sonnenstadt Sipur …« [15]

Selbst die Große Pyramide bei Gizeh ist nichts anderes als eine gewaltige Bibliothek, errichtet vor der Flut, um das damalige Wissen der Menschen zu bewahren. Eine dumme Behauptung? Mein Wissen entnehme ich den antiken Büchern. So schrieb der von mir mehrfach behandelte »Prophet« Henoch, der vor der Flut lebte, er habe über hundert Werke verfasst und die vor seiner »Himmelfahrt« seinem Sohn Methusalem übergeben. Weshalb? Das Ganze ist nachzulesen in Kapitel 82 im *Buch Henoch:* [16]

»Und nun mein Sohn Methusala … habe ich dir alles enthüllt und dir die Bücher, welche alle diese Dinge betreffen, übergeben. Bewahre, mein Sohn Methusala, die Bücher, geschrieben von deines Vaters Hand, und übergib sie den kommenden Geschlechtern nach der Flut …«

Welche Bücher? Und was sollen diese mit der Großen Pyramide zu tun haben? (Für den neuen Leser unverzichtbar muss ich auf den folgenden Seiten zusammenfassen, was ich schon mehrfach darüber schrieb.)

Gemäß den *Sagen der Juden von der Urzeit* [17] war Henoch »ein König über die Menschen, der 243 Jahre lebte«. Im 1. Buch Moses taucht er als der siebte der zehn Urväter auf – einer der Patriarchen *vor* der Flut (1. Mos. 5, 21 ff.). Er war der erste Mensch, der die Erde in einem feurigen Wagen verließ. Derselbe Henoch wurde von »Engeln« (= Außerirdischen) in den »Himmel« (= Raumschiff) geholt. Dort lernte er das Schreiben – man überreichte ihm ein »Schnellschreiberohr«, und ein ET namens Vrevoel diktierte ihm wissenschaftliche Werke.

»Und es rief der Herr einen von seinen Erzengeln mit Namen Vrevoel … und er sprach zu Vrevoel: Bringe heraus die Bücher und nimm ein Schreibrohr und gib es dem Henoch und zeige ihm die Bücher. Und es eilte Vrevoel und brachte zu mir die Bücher und gab mir das Rohr der Schnellschreibung aus seiner Hand … Und Vrevoel war redend zu mir alle Werke des Himmels und der Erde und des Meeres und aller Elemente. Über Tiere, Donner und Sonne und Mond und Sterne und ihre Läufe und ihre Veränderungen und Zeiten und Jahre und Tage und Stunden. Und die Aufgänge der Wolken und Winde …«

Das ging weiter mit Lehren über Physik und Ingenieurwesen. Und woher weiß man das alles? Weil Henoch neben seinen wissenschaftlichen Werken – die allesamt in der Großen Pyramide deponiert worden sind – auch ein Buch über sich und seine Erfahrungen schrieb – eben *Das Buch Henoch*. Es wurde vom schottischen Afrikareisenden James Bruce (1730–1794) in einer Klosterbibliothek in Abessinien entdeckt und im Jahr 1773 nach London gebracht. [18]

Es war Henoch, der den Befehl zum Bau der Großen Pyramide gab – und dies vor der Flut. Sein Ingenieurwissen hatte er bei den Außerirdischen gelernt. Nachzulesen ist all dies beim Geografen und Historiker Taqi al-Din Ahmad ibn Ali ibn

Abd al-Qadir ibn Muhammad al-Maqrizi (1364–1442) in seinem Werk *Hitat:* [19]

»… der erste Hermes …, es ist der, den die Hebräer Henoch, den Sohn des Jared, des Sohnes des Mahalalel, des Sohnes des Kenan, des Sohnes des Enos, des Sohnes Seths, des Sohnes Adams, nennen … Er las in den Sternen, dass die Flut kommen würde. – Da ließ er die Pyramiden bauen und in ihnen Schätze, gelehrte Schriften und alles, worum er sich sorgte, dass es verloren gehen und verschwinden könnte, um die Dinge wohl zu bewahren …«

Welche Schätze sollen in den Pyramiden liegen? Nochmals al-Maqrizi:

»… die wurden gefüllt mit Geräten und Bildsäulen aus kostbaren Edelsteinen, mit Geräten aus vortrefflichem Eisen wie Waffen, die nicht rosten, mit Glas, das sich zusammenfalten lässt, ohne zu zerbrechen, mit seltsamen Talismanen …, in der östlichen Pyramide ließ er die verschiedenen Himmelsgewölbe und die Planeten darstellen sowie an Bildern anfertigen, was seine Vorfahren hatten schaffen lassen. Dazu Weihrauch, den man den Sternen opferte, und Bücher über diese. Auch findet man dort die Fixsterne und das, was sich in ihren Perioden von Zeit zu Zeit ergibt, … auch gab es keine Wissenschaft, die er nicht niederschreiben und aufzeichnen ließ. Außerdem ließ er dorthin die Schätze der Gestirne und der Weissager schaffen, und diese bildeten eine gewaltige und unzählbare Menge …«

Klar genug? Im *Hitat* erfährt man auch, »Gott« habe den Henoch persönlich in Astronomie unterwiesen und ihm kundgetan, es werde eine Katastrophe über die Erde kommen. Ergänzt wird die alte Aussage nur noch durch die Entdeckung, die Kalif Abdallah Al-Ma'mun im Jahre 832 in der Pyramide machte, nachdem sie jahrtausendelang verschlossen gewesen war. Was er darin fand? Einen Sarkophag mit einem menschenähnlichen Wesen, das einen Panzer aus einem unbekannten Metall trug. Dazu seltsam leuchtende Steine und undefinierbare Gegenstände.

»Eigentlich hätten unsere Vorfahren, immerhin Steinzeitmenschen, nichts von einer globalen Flut wissen können«, sinnierte Adel bei einem Glas Wein.

»Es sei denn, irgendwer habe sie gewarnt«, hakte ich ein. »Wer kommt dafür infrage? Und das mit den versteckten Büchern in der Großen Pyramide ist kein Einzelfall. Es gab diese verborgenen Bibliotheken weltweit.«

»Woher weiß man das?«

»Kennst Du *Das Buch Mormon*?« Ich ging zum Regal und überreichte Adel ein Exemplar. »Das ist die Geschichte der Religion der Mormonen, die ihren Stammsitz heute in Salt Lake City, USA, haben. Darin wird auch beschrieben, wie die Urväter der Mormonen x-Tausende von Metalltafeln beschrifteten. Nicht Stein, Pergament oder Papyrus – es musste Metall sein, das die Zeiten überdauerte. Darauf soll das gesamte Wissen, begonnen mit Adams Zeiten, festgehalten sein. Die Urväter der Mormonen versteckten diese Metallbibliothek für die Nachfahren in fernen Zeiten.«

»Und wo befindet sich dieser Schatz heute?« Adel fragte es fast lauernd, als befürchte er, jemand könnte ihm etwas Wertvolles entwenden. Ich schlug *Das Buch Mormon* auf und las den Abschnitt aus Kapitel 8 (Verse 16 ff.) vor:

»Wohl dem, der diese Dinge ans Licht bringt; denn sie werden Gottes Wort gemäß aus der Dunkelheit ans Licht gebracht werden; ja, sie werden aus der Erde hervorgebracht werden, aus der Dunkelheit scheinen und zur Kenntnis des Volkes gelangen …, und niemand kann es verhindern. Und sie werden an einem Tag erscheinen, wo man sagen wird, dass Wunder aufgehört haben; und es wird sein, als ob jemand von den Toten redet … Ja, es wird an einem Tag geschehen, wo man von Feuer, Stürmen und Rauchdämpfen in fernen Ländern hören wird. Auch wird man von Kriegen und Kriegsgerüchten und Erdbeben an verschiedenen Orten hören.«

»Unheimlich!« Mein Gesprächspartner flüsterte es fast ehrfürchtig. »Leben wir in dieser Zeit?«

»Wir wachsen hinein«, entgegnete ich eher sorgenvoll. »Mir scheint, die Zeit der Erkenntnis kommt mit Riesenschritten näher. Vielleicht noch 40 oder 50 Jahre? Wer weiß«, ich meinte es tatsächlich so, »möglicherweise bist Du oder einer aus der Razul-Sippe derjenige, der die Schätze ans Licht bringt. Denke an die Prophezeiung im *Buch Mormon:* ›Wohl dem, der diese Dinge ans Licht bringt …‹«

Im Mai 1985 verbrachte ich wieder einige Tage mit Adel. Diesmal logierten wir direkt am Fuße der Pyramide im *Mena House Hotel.* Das Gebäude lag am Ende der »Pyramid Road«, und dort steht es bereits seit 1886. Berühmte Menschen hatten hier logiert, angefangen vom Prince of Wales über Winston Churchill und Jimmy Carter bis hin zur Krimi-Autorin Agatha Christie. Adel und ich tafelten und schwatzten im gediegenen Restaurant, unterbrochen nur durch sanfte Pianotöne aus dem Hintergrund. Später an der Bar meinte Adel, er sei müde und unzufrieden, nicht wegen der Touristen, die seien alle auszuhalten, aber wegen der Altertumsverwaltung. Von dort her würden ständig neue Kommandos kommen. »Was für Kommandos?«, wollte ich wissen. Adel winkte ab: »Dinge, die wir den Touristen vermitteln sollen, die aber gar nicht stimmen.« Ich bohrte nicht weiter, wollte aber irgendwann wissen, ob er im Laufe seiner Grabräuberkarriere auch schon in unterirdische Bibliotheken gekrochen sei.

»Ägypten ist ein Land mit einer bekannten und einer unbekannten Geschichte – und die unbekannte ist viel älter, als wir uns alle vorstellen …« Adel rutschte auf dem Barhocker herum, zündete die nächste Zigarette an.

»Jahr für Jahr werden neue Räume und Korridore entdeckt. Schon vor über 150 Jahren, genau im Herbst 1933, stieß Selim Hassan, einer der Ausgräber, auf einen Schacht direkt unter der Rampe zur Chephren-Pyramide. Wegen des Grundwassers kam er damals nicht weiter als knapp 15 Meter im Fels. 12 Jahre später verfolgte der Ägyptologe Abdel-Moneim Abu-Bakr einen Nebenstollen, der vom ursprünglichen Schacht Richtung Cheops-Pyramide verlief. Rechts und links davon gab es mehrere Kammern. Heute sind sie geplündert. Keine Ahnung, was drin war. Dann gelang es einigen Brüdern der ›Razul-Sippe‹, etwas von dem Grundwasser abzupumpen – eine mühsame Arbeit, denn jedes Mal, wenn die Pumpe ausfiel – und das tat sie dauernd –, sickerte das Wasser wieder nach. Erich« – Adel spreizte die Arme, als ob er mich umschlingen wolle –, »da unten liegt ein Sarkophag, bedeckt von glasklarem Wasser. Der Sarkophagdeckel mag einige Tonnen wiegen und ist unglaublich präzise geschliffen. Erich, ich war dort unten. Der Deckel ist leicht zur Seite geschoben, der Sarkophag selbst leer. Wir wissen aber mit absoluter Sicherheit, dass von der unterirdischen Kammer aus mehrere Schächte in diverse Richtungen verlaufen. Wegen …«

Ich konnte dieses im Mai 1985 an der Bar des *Mena House Hotel* geführte Gespräch nie vergessen und glaubte mich deshalb erst recht verhört zu haben, als rund 20 Jahre später – ich weiß nicht mehr genau, wann es geschah – Dr. Zahi Hawass, der damalige Direktor der Altertumsverwaltung, öffentlich behauptete, er habe eben diesen Schacht entdeckt. Unfassbar! Dabei hieß der wahre Entdecker Selim Hassan – und der Schacht war bereits seit 1933 bekannt. 1945 waren durch den Ägyptologen Abdel-Moneim Abu-Bakr sogar Ausgrabungen durchgeführt worden.

Man weiß längst, dass dort unten mehrere Sarkophage liegen. Und jetzt behauptet der wortgewaltige Zahi Hawass, der sich gern als Duplikat der Filmfigur »Indiana Jones« ausgibt, er persönlich habe den Schacht entdeckt, und dort unten würden Knochen aus der 26. Dynastie (663–525 v. Chr.) liegen. Zusätzlich verkündete derselbe Zahi Hawass, in der Tiefe seien darüber hinaus rot bemalte Keramikstücke aus der 6. Dynastie (!) gefunden worden. Also müsste die unterirdische Anlage rund 2000 Jahre älter sein als die 26. Dynastie, sonst könnte keine Keramik aus der 6. Dynastie dort liegen. Immerhin ordnete Zahi Hawass einige Untersuchungen in der Tiefe des Schachtes an, die spektakuläre Resultate ergaben.

Der Eintritt zur unterirdischen Welt führt 4 Meter hinunter in eine Art Vorraum. Die nächste Etappe besteht aus einem 13,25 Meter senkrecht in die Tiefe verlaufenden Schacht. Man gelangt in einen Raum mit sieben Nischen. Fünf der Nischen sind leer, in einer anderen liegt ein geöffneter Sarkophag aus Basalt und gegenüber ein Sarkophag aus Granit. [Bild 6] Dann geht's nochmals 10 Meter tiefer, schließlich im 90-Grad-Winkel um eine Ecke, und man landet in einem quadratischen Raum mit 9 Metern Seitenlänge. Das untere Viertel ist mit kristallklarem Grundwasser gefüllt, und darin befindet sich, von Wasser bedeckt, ein Sarkophag. Der Deckel wurde leicht zur Seite geschoben und mit zwei Holzbalken abgesichert. Zahi Hawass behauptet, es handle sich um ein symbolisches Grab für den Gott Osiris. Im Sarkophag seien die Überreste eines Skelettes gefunden worden. Die Anlage sei nie für ein königliches Begräbnis geschaffen worden.

22 Jahre nach meinem Gespräch mit Adel krochen mein Mitarbeiter Ramon Zürcher und ich in denselben Schacht – bis hinunter zum Grundwasser. (Ich berichtete kurz darüber. [20])

Bild 6

Damals waren mir die Verlautbarungen von Dr. Zahi Hawass bekannt. Doch angesichts der persönlichen Inaugenscheinnahme konnte ich mir hinsichtlich seiner Aussagen nur noch die Haare raufen. Es ist – wie Adel meinte – »zum Verrücktwerden«. Den Normalbürgern wird ein unsagbarer Unsinn zugemutet. Die unterirdische Anlage, bestehend aus Schächten und mehreren Kammern, soll nur als »symbolisches Grab« für den Gott Osiris gedient haben, und außer den Resten eines Skelettes sei nichts gefunden worden. Gütiger Himmel! In einem jahrtausendealten Sarkophag findet man entweder gar nichts, weil nie etwas hineingelegt wurde oder weil Grabräuber alles klauten, oder es taucht eine Mumie mit Linnen und allem Drum und Dran auf. Angenommen, irgendwer habe vor Jahrtausenden tatsächlich eine Leiche in den Sarkophag gelegt, so wäre daraus niemals ein Skelett geworden. Diese entstehen durch Würmer, Käfer und Ameisen, die im feuchten Erdengrund an der Leiche herumknabbern. Der Sarkophag hingegen ist luftdicht abgeschlossen. Hier fressen sich keine Viecher satt. Da Keramiken aus der 6. Dynastie auftauchten, müsste die Anlage seit mindestens 4000 Jahren, bis heute gerechnet, existieren. In jener Zeit war von irgendwelchen Grabräubern nichts bekannt. Die tauchten erst später auf. Also gab es in der 6. Dynastie keine Gründe, Pseudogräber anzulegen. Man muss sich nur einmal vorstellen, wie eine Gruppe von Männern mit primitiven Steinwerkzeugen Schächte in die Tiefe hämmerte, Räume auskratzte, mit unbekannten Methoden das Grundwasser, das schließlich auch damals schon ununterbrochen nachfloss, fernhielt und als Krönung mehrere Sarkophage in die Tiefe bugsierte – wobei mindestens einer dieser Steinbehälter von seinen Dimensionen her größer ist als das Schachtstück, durch das er hinabtransportiert worden sein soll. Wie das funktionierte, ist unklar. Und: die ganze unmenschliche Schufterei für nichts? Für ein Pseudograb? Wer das glaubt, mag damit selig werden.

Dr. Zahi Hawass hat dort unten gleich mehrere Räume lokalisiert, einen davon mit den Maßen 13,25 Meter Länge, 6,8 Meter Breite und 3,5 Meter Höhe. Das ist schon eine kleine Halle! Auch Zahi Hawass suchte nach unbekannten Zugängen. So ließ er das Grundwasser abpumpen und schickte einen Knaben in einen Schacht, der von der nordwestlichen Ecke des untersten Raumes nach irgendwohin verlief. An den linken Knöchel des Jungen hatte man ein Seil geknotet, um ihn im Notfall daran herausziehen zu können. Der Knabe arbeitete sich 5 Meter voran, dann wurde der Schacht zu eng. Es bleibt wohl ein einziges Rätsel, mit welchen Mitteln die ursprünglichen Tunnelbauer den Fels aushöhlten. Schließlich kommt *heute* nicht mal ein Knabe durch den schmalen Schacht.

Im November 2008 schickte der TV-Produzent Richard Reisz eine mit einem Endoskop ausgerüstete Kamera in denselben Tunnel. Nach 10 Metern versperrten Steine das Weiterkommen.

Im Dezember desselben Jahres ratterte ein kleiner Roboter durch den Schacht. Der entdeckte nach 10,5 Metern eine Verzweigung, doch die Weiterfahrt war verstopft. Insgesamt, so Zahi Hawass, müsste der Tunnel mindestens 21 Meter lang sein.

Und dies ist schließlich nicht das Ende der Fahnenstange. Schächte führen immer von einer bestimmten Stelle nach irgendwo. All der Aufwand für ein »Pseudograb des Gottes Oriris«?! Da lachen ja die Hühner!

Es wurde ein langer Abend an der Bar des *Mena House Hotel.* Mit dem Einverständnis von Adel hatte ich stets ein kleines Diktiergerät am Laufen. Immer dann, wenn er keine Aufnahme wünschte, stellte ich das Ding ab. So war es mit den nachfolgenden Sätzen, die ich aus dem Gedächtnis und einigen Notizen rekonstruiere. Ich hatte ihn gefragt, ob er auch in verborgene Bibliotheken gekrochen sei.

»Wir kennen Räume, die teilweise vom Grundwasser überflutet sind. Darin liegen Gegenstände gestapelt, von denen wir keinen blauen Dunst haben, was diese sein sollen. Es sieht nicht nach Büchern aus. Zumindest nicht nach dem, was wir unter Büchern verstehen. Weder Pergament noch Papyrus, geschweige denn Stein oder Metall.«

»Hast du Fotos?«

»Nein!«

»Aber bitte! Was soll ich mir denn darunter vorstellen?«

»In den Wänden befinden sich Hunderte von Löchern, ähnlich wie Du sie von den mumifizierten Vögeln oder Affen her kennst. In jedem Loch steckt eine Kanope [= Keramikgefäß, EvD], in den Kanopen drin etwas wie eine Art Röhre, circa 10 Zentimeter lang, inwendig hart und doch weder Metall noch Stein, und außen elastisch wie ein Überzug aus Kautschuk.«

Ich wurde hellwach, wollte mehr und mehr darüber erfahren. Doch Adel flehte mich regelrecht an, das Gespräch zu beenden.

Er wolle nicht darüber reden. Dann kippte er gleich zwei Gläser eines Weins der Marke *Omar Kayam* hinunter, was eigentlich nicht seine Art war. Am nächsten Morgen, beim phänomenalen Frühstücksbuffet im *Mena House Hotel,* sinnierte er:

»Ich habe lange über diese antiken Bibliotheken nachgedacht. Die Alten haben Zehntausende oder gar Hunderttausende ihrer Schriften verborgen ..., gesichert vor einer Flut, sagtest Du. Also müssten einige dieser Verstecke immer noch existieren ...«

Zwischen mehreren Schlucken Tee und den Bissen einer geschälten Gurke, garniert mit gepfefferten rohen Tomaten, antwortete ich:

»Wir machen nichts anderes, doch die wenigsten Menschen wissen etwas davon.«

»Verstehe ich nicht«, brummte Adel, zuckte die Achseln und blickte mich von der Seite an.

»In Baden Württemberg – das ist eines der deutschen Bundesländer mit einer Grenze zur Schweiz – gibt es einen kleinen Ort namens Oberried, rund 15 Kilometer östlich der Stadt Freiburg im Breisgau gelegen. Unweit der Ortschaft Oberried, unter Granit und Gneis verborgen, liegt der Barbarastollen. Außer den Einheimischen hat niemand eine Ahnung, was dort unten gehortet wird. Der Barbarastollen ist – so die offizielle Bezeichnung – ›der zentrale Bergungsort der Bundesrepublik Deutschland‹. Über dem Gebiet herrscht Flugverbot, und nicht mal die Fahrzeuge der deutschen Bundeswehr dürfen die Straße zum Barbarastollen benutzen. Was soll das? Der Stollen ist rund 700 Meter lang, mit dickem Beton ausgekleidet und atombombensicher. Im Jahre 1954 wurde in Holland von über hundert Staaten die Haager Konvention unterzeichnet. Sie garantiert dem Barbarastollen und fünfzehn weiteren, weltweit ähnlichen Anlagen besondere Schutzrechte. In einem Krieg darf der Ort nicht zum Ziel werden. Deshalb darf es weder einen Flughafen noch einen Radiosender in der Nähe geben. Im Barbarastollen stehen luftdicht verschlossene Fässer, eines neben dem anderen, bis heute rund 1500 Stück. Jedes Fass wiegt 122 Kilogramm und ist außen mit Gummiringen versehen. Der Inhalt? Abertausende von Mikrofilmen. Das Ganze dient nur einem einzigen Zweck: Die Geschichte des Landes soll für die Generationen der fernen Zukunft erhalten bleiben. So würden die Kinder der Zukunft im Barbarastollen die Krönungsurkunde von Otto dem Großen aus dem Jahre 936 finden, doch auch den Vertragstext des Westfälischen Friedens oder die Baupläne des Kölner Domes. ›Der Stollen‹, so schreibt Boris Pofalla in der *Welt am Sonntag,* ›ist kein Schatzhaus, eher ein riesiger Aktenschrank.‹ [21] Allein das Grundgesetz der Bundesrepublik Deutschland nimmt 3000 Seiten ein: ›Dokumentiert ist der ganze Prozess, der zu dem Gesetz geführt hat.‹ [21] Sollten Kriegszeiten kommen, ›würde der Eingang zugeschüttet‹. Und 20 Jahre später wüsste niemand mehr etwas davon.«

Wieder und immer wieder schüttelte Adel den Kopf. »Das ist ja wie beim alten Platon vor zweieinhalbtausend Jahren, der festhielt: ›… So kommt es, dass ihr immer wieder gleichsam von Neuem jung werdet, ohne je Kunde von dem, was sich in alten Zeiten ereignet hat, zu erhalten.‹«

»Recht hast du, Adel, aber Anlagen wie den Barbarastollen in Deutschland gibt es weltweit mehrere. So lagert in Spitzbergen in Norwegen das gesamte Saatgut der Erde: rund 1 Million Samenproben von Kartoffeln und Reis über Weizen, Rasen sowie verschiedene Maissorten bis hin zu jeder nur denkbaren Blume und Nutzpflanze. Das Ganze ist ein Werk der UNO und nennt sich Doomsday Seed Vault oder auch Svalbard Global Seed Vault. Spitzbergen gehört zur Arktis, der Nordpol ist gerade mal 1000 Kilometer entfernt. Die Anlage ist so ausgelegt, dass sie trotz Klimawechsel und steigendem Wasserspiegel dicht hält.«

»Und was nützt das alles, wenn die künftige Menschheit nichts davon weiß?« Adel schüttete noch mehr Zucker in den ohnehin schon viel zu süßen Tee. »Was soll das, wenn ehemalige Trockengebiete unter Wasser liegen? Wenn aus Wüsten Eisberge und umgekehrt aus Eisbergen Wüsten werden? Wenn die Nachfahren mit Mikrofilmen nichts anfangen können? Immerhin, einige der Schutzanlagen unserer Vorväter müssten noch irgendwo liegen.«

»Nicht nur die UNO oder die Industriestaaten, auch andere Gemeinschaften unterhalten verborgene Bibliotheken. Die Kirche der Mormonen, über die wir bereits sprachen, unterhält im Granite Mountain Record Vault bei Salt Lake City ein gigantisches Archiv mit Milliarden von Daten. Nicht anders die Kirche der Scientologen. In der Trementia Base in Kalifornien lagern 140 Tonnen Bücher. Adel! Weltweit existieren vermutlich mehr als fünfzig derartiger Anlagen. Ich weiß, wovon ich rede. Schließlich bin ich diesen Geschichten ausführlich nachgegangen. [22] Dabei verblüfft mich immer wieder, wie wenig die Menschen über das weltweite Bibliothekssystem wissen. Mein Heimatland, die Schweiz, ist klein, aber unsere Bibliotheken, etwa die Zentralbibliothek in Zürich oder die Schweizerische Nationalbibliothek in Bern, sind riesig. Da werden Millionen von Büchern gelagert. Oder die Deutsche Nationalbibliothek, aufgeteilt in die Standorte Leipzig und Frankfurt – nicht weniger als 33 Millionen ›Medieneinheiten‹, wie man es modern nennt, werden dort aufbewahrt. Hast Du je etwas von der Library of Congress in Washington gehört? Die verwaltet sage und schreibe 130 Millionen Werke. Jetzt addiere die Bestände weiterer Bibliotheken anderer Nationen hinzu, etwa diejenigen der Franzosen, Spanier, Engländer, Italiener, Russen, Griechen, der asiatischen Länder und so weiter und so fort, und Du kommst rasch auf etliche Milliarden von Büchern, die heute auf unserem Globus aufbewahrt werden …«

Einige Minuten starrte mich Adel an und klopfte mit den Fingern derart nervös auf die Tischplatte, dass die Toastkrümelchen zu tanzen begannen.

»Milliarden von Büchern, und diese auf dem ganzen Globus verteilt. Die Nationen mitsamt der UNO geben ein unsagbares Geld für diese Bibliotheken aus – und dennoch ist alles für die Katz', wie die Vergangenheit beweist. Die alten Kulturen horteten doch auch riesige Bibliotheken – wo sind sie?«

Beruhigend drückte ich Adels Handrücken sanft auf die Tischplatte: »Trotz der Vernichtungen über die Jahrtausende müssen heute noch einige dieser Bibliotheken vorhanden sein. Schließlich wussten die Alten von der kommenden Flut, sie kannten die Geschichte von den Kriegen und Plünderungen, deshalb haben sie ihre Schätze letztendlich versteckt. Wir verwenden heute ein Wort wie ›atombombensicher‹. Damals sagten sie wohl ›flutsicher‹.«

Inzwischen hatte sich ein anderer Reiseleiter, Sahir mit Namen, der mit seiner Gruppe ebenfalls im *Mena House Hotel* logierte, zu uns begeben. Vom Nebentisch aus habe er einiges von unserer Diskussion mitbekommen, meinte er. Ob er zuhören dürfe. Ich hatte nichts dagegen. Der Neue, ein nervöser Typ, der ständig mit den Augen zwinkerte, wollte nicht wahrhaben, dass die Bibliotheken unserer Vorfahren entweder zerstört oder noch gar nicht aufgetaucht sind. Für mich war das Thema ein alter Hut, ich hatte mich mehrfach damit beschäftigt. [23] Während ich die Runde aufklärte, gesellten sich immer mehr neugierige Touristen zu uns. Wir schoben einige Tische zusammen, der Frühstücksraum wurde zum Auditorium:

»Über Zerstörungen durch Naturkatastrophen aller Art muss ich nicht mehr berichten. Die sind bekannt. Und was die Natur nicht schaffte, brachte die Bestie ›Mensch‹ fertig. Schon Pharao Ramses III. (1221–1156 v. Chr.) ließ eine riesige Bibliothek zusammentragen. Nichts davon existiert mehr: kaputt gemacht durch Menschen. Selbst der gebildete römische Feldherr Julius Cäsar (100–44 v. Chr.) ließ auf seinen Kriegszügen Büchereien vernichten. Als er im Jahre 47 vor Christus seine Truppen im Hafen von Alexandrien wüten ließ, ging auch die berühmte Bibliothek in Flammen auf. 700 000 Bücher waren weg. Dann bekam die verführerische Kleopatra von der Bibliothek in Pergamon 200 000 Bände geschenkt. Es handelte sich um Originale und Abschriften. Die Bücher bildeten den Grundstock der neuen Bibliothek von Alexandria. Doch der römische Kaiser Diokletian (um 240–313 n. Chr.) ließ alles vernichten. Selbst der dritte Versuch, die Alexandrinische Bibliothek durch das Zusammentragen alter Schriften zu neuem Glanz zu führen, scheiterte: Theodosius I. (347–395 n. Chr.) ließ die Bibliothek erneut niederbrennen. Und im Jahr 562 unserer Zeitrechnung kam der Kalif von Damaskus, Umar ibn al-Chattab (579–644 n. Chr.), auf den perversen Gedanken, mit Schriften des ›Museion von Alexandrien‹ alle Bäder der Stadt zu heizen, und dies gleich 6 Monate lang. Danach waren keine Bücher mehr vorhanden. Selbst der viel gepriesene Alexander der Große (356–323 v. Chr.) handelte nicht vernünftiger. Ihm verdanken wir die Vernichtung des *Awsta.* Das waren die originalen religiösen Texte der Parsen …«

Die Zuhörer wurden unruhig. Einige reklamierten, es hätte schließlich auch Bibliotheken in Äthiopien, China oder im fernen Zentralamerika gegeben.

»Oh ja! Aber in China war es der Kaiser Qin Shi Huang Di (259–210 v. Chr.), der sämtliche Bibliotheken seiner Feinde abfackeln ließ, und in Äthiopien zündeten italienische Soldaten, angestachelt durch fanatische christliche Priester, die Königlichen Büchereien von Addis Abeba an. Selbst im fernen Indien wurde die riesige Bibliothek der Nalanda-Universität (heute

Bundesstaat Bihar) dem Erdboden gleichgemacht. Dies geschah durch den türkischen Eroberer Muhammad bin Bakhtiyar Khalji (um 1160–1206).«

»Himmel noch mal!«, schimpfte einer der Touristen, »Sie tun so, als hätten nur Dummköpfe von Menschen existiert. Doch zu allen Zeiten lebten auch friedfertige Erdenbürger, kulturell Gebildete, die die Zerstörungen missbilligten, ihre Vernichtung verhinderten.«

»Richtig, aber diese Feingeister hatten keinen Erfolg.«

Schweigen in der Runde. Hastig, als ob ihnen etwas weggenommen würde, stopften einige Touristen Süßigkeiten in den Mund, versteckten Früchte vom Buffet in ihren Handtaschen. Ein nervöser Typ stellte sich als Lehrer vor, tätig an einem Gymnasium in Clermont-Ferrand, Frankreich. Sein rot-schwarzkariertes Hemd spannte sich über ein kleines Bäuchlein. Er schwitzte und wollte wissen, ob es denn in Süd- und Zentralamerika auch Büchervernichtungen gegeben habe. Schließlich – so meinte er und nickte eifrig dabei – »gab es damals keine Verbindungen zum fernen Amerika. Die europäischen Feldherren kannten den amerikanischen Kontinent gar nicht.«

»Was Südamerika angeht«, erwiderte ich und gab mir Mühe, nicht dozierend oder gar rechthaberisch zu wirken, »kennen wir keine Schriftstücke. Die Inka verwendeten Schnüre als Gedächtnisstützen, die sogenannten Quipus. Und von den Urwaldvölkern am Amazonas sind keinerlei Schriften bekannt. Ganz anders in Zentralamerika: Dort existierten Abertausende von Maya-Handschriften. Bis auf wenige wurden alle verbrannt …«

»Absichtlich?«, warf ein Zuhörer mit einem aggressiven Unterton dazwischen.

»Vor rund 450 Jahren, exakt am 12. Juli 1562, wurden vor der Kirche San Miguel in Mani 5000 sogenannte Götzenbilder, dreizehn Altäre, 197 Kultgefäße und Hunderte von bebilderten Maya-Handschriften aufgestapelt. Dann entzündeten Soldaten die Scheiterhaufen – dies auf Befehl des Bischofs Diego de Landa (1524–1579). Die Flammen fraßen unersetzliche Dokumente einer großen Kultur. Ungerührt notierte der christliche Würdenträger Diego de Landa: ›Wir fanden eine große Zahl von Büchern mit Zeichnungen. Aber da sie nur Lügen und Teufelswerk enthielten, verbrannten wir alle, was die Maya zutiefst bedrückte und ihnen großen Kummer bereitete.‹ [24]

In den nachfolgenden Monaten und Jahren vernichteten die christlichen Missionare in blindem Eifer alle Schriften, derer sie habhaft werden konnten. Unter dem Begriff ›Teufelswerk‹, den Bischof de Landa geprägt hatte, wurden sämtliche Spuren der alten Maya-Religion getilgt. In seiner später verfassten Rechtfertigungsschrift *Relación de las cosas de Yucatán* (deutscher Titel: *Bericht aus Yucatán*) vermerkte Diego de Landa: ›Das Wichtigste, was die Häuptlinge in ihre Stammesgebiete verschleppten, waren ihre wissenschaftlichen Bücher.‹ [24] Und sein Landsmann José de Acosta (1539–1600) berichtete: ›In Yucatán gab es eingebundene und gefaltete Bücher, in denen die geschulten Indios ihr Wissen über die Planeten, die Dinge der Natur und ihre alten Überlieferungen aufbewahrten.‹ [25]

Es scheint in der Natur des Menschen zu liegen, alles, was er nicht kennt, alles, was ihm fremd erscheint oder ihn gar verstört, kaputt zu machen, insbesondere, wenn es um religiöse Rechthabereien geht – egal, ob im Alten Ägypten, in Indien, in Europa oder im fernen Zentralamerika.«

Die Zuhörer schwiegen. Einige trollten sich, als ob sie ein schlechtes Gewissen plage. Nur der Lehrer aus Clermont Ferrand, der sich trotz der bestens funktionierenden Aircondition im *Mena House Hotel* ständig den Schweiß von der Stirn tupfte, wollte wissen, woher meine Kenntnisse stammten. Ich erklärte, ich hätte viel Material darüber gesammelt, weil ich plane, ein Buch über die Maya zu schreiben. Dann stellte er sich vor: Jean-Claude Du-Bois heiße er, und bevor er Lehrer geworden sei, habe er 5 Jahre katholische Theologie studiert. Dann sei die Liebe dazwischengekommen, und er habe das Berufsziel gewechselt. Ob ich mit den Büchervernichtungen der Kirche in Europa vertraut sei? Wenig, meinte ich, und der ›chèr Jean-Claude‹ klärte mich auf:

»In Europa ging es genauso zu. Im Jahre 1242 wurden auf Veranlassung von Papst Gregor IX. (1227–1241) volle 24 Wagenladungen jüdischer Bücher verbrannt. Obschon Gregor IX. im Jahre 1242 nicht mehr in Amt und Würden war, ging die Vernichtung der Bücher auf einen von ihm veranlassten Gerichtsprozess zurück. Die jüdischen Schriften waren aus dem ganzen französischen Königreich zusammengetragen worden. In Paris loderten die Feuer 2 Tage lang. Man nannte es ›die *Talmud*-Verbrennung‹. Ähnliche Befehle zur Büchervernichtung erließen auch die Päpste Innozenz IV. (1243–1254), Clemens IV. (1256–1268), Johannes XXII. (1316–1334) oder seine Heiligkeit Paul IV. (1555–1559). Ab 1559 galt dann der *Index Librorum Prohibitorum*, das ist das Verzeichnis der verbotenen Bücher …«

»Ich weiß …«, unterbrach ich Jean-Claude. »Ich verbrachte selbst 6 Jahre in einem katholischen Jesuiteninternat. Uns hatte man noch beigebracht, jeder, der ein Werk aus dieser Verbotsliste lese, sei automatisch exkommuniziert – von der Kirche und ihren Sakramenten ausgeschlossen. Nach dieser Lesart« – ich lachte etwas gezwungen – »müsste ich längst von der Kirche ausgeschlossen sein, obschon ich Jahr für Jahr Kirchensteuern zahle.«

»Was? Sie sind immer noch katholisch?«, fragte Jean-Claude gedehnt.

»Auf dem Papier schon«, entgegnete ich. »In der Praxis habe ich meinen tiefen Glauben an das, was man gemeinhin ›lieber Gott‹ nennt, nie verloren. Ich bin noch einer von denen, die beten …«

Jean-Claude starrte mich an, als ob ich nicht ganz klar im Kopf sei. Adel, der ruhig dasaß, von Zeit zu Zeit Tee schlürfte und nickte, bestätigte, auch er sei ein gottgläubiger Mensch, obschon er nicht jede Sure des *Koran* unterschreibe. Wir hätten den ganzen Vormittag weiterdiskutieren können, doch Jean-Claudes Gruppe zog es zu den ägyptischen Altertümern.

Adel und ich blieben allein.

»Und da ist noch etwas, über das kein Gelehrter spricht …«

»Rede schon!«, drängte Adel. »Wir sind hier nicht im Klub der unausgesprochenen Geheimnisse.«

»Im Zusammenhang mit Henoch erwähnte ich ein Buch mit dem Titel *Die Sagen der Juden. Band 1: Von der Urzeit.* [17] Du musst wissen, dass dieses Werk bereits im Jahre 1913 in Frankfurt erschien, verfasst von einem jüdischen Rabbiner namens Micha Josef Berdyczewski, später Bin Gorion (1865–1921). Der Mann war ein Gelehrter. Das gesamte, altjüdische Schrifttum war ihm wohlvertraut, nicht nur die *Thora,* sondern auch der *Talmud.*«

»Nie davon gehört«, brummte Adel.

»Höre«, insistierte ich, »die jüdischen Gelehrten sind der Meinung, Gott habe Moses nicht nur die Zehn Gebote überreicht, sondern ihm auch mündliche Lehren erteilt. Diese Gespräche zwischen Moses und seinem Gott seien schriftlich festgehalten worden, und einige davon stehen eben in diesem Buch mit dem Titel *Talmud.* Kapiert?«

Adel, im muslimischen Glauben groß geworden, konnte mit dem Wort »Talmud« nichts anfangen. Höflich hörte er mir zu.

»In diesem *Talmud* ist auch nachzulesen, die Schrift sei ursprünglich vom Himmel gekommen. Aber nicht – und jetzt wird's spannend – in Form eines Buches aus Pergament, Papyrus oder Palmblättern, sondern in Form eines Saphirsteines.«

»Was soll der Unsinn?« Adel starrte mich fragend an.

»Adel, vor Jahrtausenden kannten die Menschen Bücher und Einritzungen auf Steinen, Schiefer, Fels, Ton und später Papyrus etc. Wie, um alles in der Welt, kam jemand dazu, sich ein Buch auf einem ›Saphirstein‹ vorzustellen? Der Gedanke daran war damals völlig undenkbar. Etwas Derartiges konnte man nicht mal träumen. Heute ist das anders! Im Zeitalter der Computer entstehen Lexika auf Mikrochips. Auch auf Kristallen und Saphiren werden gigantische Datenmengen gespeichert.«

»Und wer sollte dieses Buch auf einem Saphirstein lesen können?«

»Adam.«

»Ach ja!« Zum ersten Mal in unserem Gespräch spürte ich den Spott in seiner Stimme. »Adam war unser Stammvater, der konnte bestimmt nicht lesen.«

»Adam erhielt Unterricht von einem Engel namens Raziel. Das steht zwar nicht im *Talmud,* aber in einem antiken Werk mit dem Titel *Das Leben Adams und Evas.* [26] Dort erfährt man auch, dass Adam regelrecht geschult wurde. Vor jedem Kontakt mit ›dem Buch auf einem Saphirstein‹ musste er sich gründlich waschen. Er durfte sich dem Buch nie leichtsinnig nähern und lernte schließlich, mit dem seltsamen Buch ›Zwiesprache zu halten‹, also einen Dialog zu führen. In diesem Buch lernte Adam auch alles über Astronomie und den irdischen Kalender. Sein Wissen reichte er an seinen Sohn Seth weiter.«

Nervös wischte Adel mit einer Serviette die Toastkrümel zu Boden. Schließlich schüttelte er den Kopf und meinte, er glaube kein Wort über dieses Buch auf einem Saphirstein.

»Das ist auch nicht das Entscheidende«, lächelte ich etwas nachsichtig. »Entscheidend ist, dass irgendwer vor irgendwelchen Jahrtausenden den Gedanken aussprach, einst habe es ein Buch auf einem Saphirstein gegeben. Dieser Gedanke passt hinten und vorne in keine damalige Vorstellung.«

»Worauf willst du hinaus?«

»Wir reden die ganze Zeit über vernichtete Bibliotheken, über Werke auf Papyrus, Pergament, Palmblättern, Folien und so weiter. Alles verschwunden, von Wasser und Feuer aufgelöst, von Menschen absichtlich vernichtet. Was wäre, wenn Mitteilungen aus uralten Zeiten überlebt hätten, weil sie auf Edelsteinen abgespeichert wurden?«

Wir schwiegen und starrten uns an. Über unseren Köpfen drehte sich ein müder Ventilator und wirbelte die Luft ein wenig umher. Adel bestellte den x-ten Tee und schüttelte immer wieder den Kopf.

»Bücher auf Edelsteinen? Das ist doch alles irre!« Abwehrend spreizte er die Hände. Schließlich meinte er, jedes Wort langsam betonend: »Da unten«, er deutete auf den Boden, »habe ich neben den seltsamen, röhrenförmigen Gegenständen auch eine Skulptur der Göttin Hathor gesehen. Eingemeißelt in eine Wand. Zwischen ihren Augen, mitten auf der Stirn, befand sich etwas wie ein Edelstein. Ich vergesse es nicht, wie uns alle ein unbeschreiblich ehrfurchtsvolles Gefühl ergriff, das uns daran hinderte, den Stein herauszubrechen. Einer der Kollegen sagte, man nenne dies ›das dritte Auge‹. Ich selbst«, Adel stand auf und trampelte auf den Boden, »bin nicht abergläubisch. Ich wagte auch nicht, an der Wand hochzuklettern und den Stein zu berühren ...«

»Hathor hast Du gesagt?« Ich flüsterte es beinahe. »Das war doch die Göttin der Kunst und der Wissenschaften ... Adel, bring mich dort hinunter! Ich muss das mit eigenen Augen sehen!«

»Das ist unmöglich!«, antwortete er gedehnt, und aus seiner Stimme las ich so etwas wie Sarkasmus: »Aber manchmal geschehen Wunder – nur dauern die etwas länger.«

»Im ›dritten Auge‹«, ich sagte es nachdenklich, »erkennen feinsinnige Menschen die Zirbeldrüse. Ich erinnere mich vage an eine Aussage des Philosophen und Mathematikers René Descartes (1596–1650), der in der Zirbeldrüse sogar den Stammsitz der Seele suchte. Doch das ›dritte Auge‹ findet man auch bei mehreren indischen Göttern, allen voran bei Shiwa, einem der indischen Hauptgötter. Seine Statuen zeigen ein ›drittes Auge‹ mitten auf der Stirn. Und auf Ägypten bezogen: Hier ist das ›Auge des Horus‹ ein bekannter Begriff. Diesem Auge entging nichts. Das Auge des Horus wacht, hieß es damals. Ich frage mich, ob Horus, der Sohn von Osiris und Isis, ein Satellit war, der die Erde überwachte, oder meinte man damit das ›dritte Auge‹, das alles weiß und alles speichert?«

Ich schreibe dieses Buch 34 Jahre nach unseren Gesprächen im *Mena House Hotel.* Die Zerstörung von Bibliotheken geht unbekümmert weiter. Zeitlos. Jahr für Jahr vernichten sogenannte »Gotteskrieger« des IS (= Islamischer Staat) Kulturgüter aller Art. Was nicht ihres Geistes Kind ist, wird kaputt gemacht: Das Museum von Mossul, 400 Kilometer nördlich von Bagdad: kaputt gemacht – darunter 100 000 Bücher und antike Schriften. Die alte assyrische Stadt Nimrud, 30 Kilometer südlich von Mossul im Nordirak: kaputt gemacht – darunter viele Schätze, die wissenschaftlich noch nicht erfasst worden waren und deshalb für immer verloren sind. Die syrische Wüstenstadt Palmyra, das frühere Tadmor: Tempel und Bibliotheken gleich mehrmals kaputt gemacht. Im 4. und 5. Jahrhundert wüteten christliche Sturmtruppen in der Stadt, im 21. Jahrhundert der sogenannte

Islamische Staat. In Timbuktu (Mali/Afrika) vernichteten einige islamische Querköpfe der Rebellengruppe Ansar Dine vierzehn Mausoleen mitsamt ihren Büchereien. Timbuktu war einst über Jahrhunderte hinweg ein wichtiges Kulturzentrum der islamischen Welt gewesen. Dummköpfe handeln auf Befehl anderer Dummköpfe.

(Und, dies nur als Nachtrag zu unseren damaligen Gesprächen: die Vernichtungen durch die Technik. Durch einen Kurzschluss brannte im September 2018 in Rio de Janeiro das Nationalmuseum von Brasilien nieder. Das Museum war 1818 vom portugiesischen König Johann VI. (1767–1826) gegründet worden. Es beherbergte die reichste anthropologische Bibliothek von Brasilien. 20 Millionen Exponate sind für immer verloren. Es scheint, als ob wir Menschen es tatsächlich nicht schaffen, das Erbe unserer Vorfahren in die Zukunft zu transportieren. Sind wir, wie Platon es festhielt, dazu verdammt, wie Kinder immer wieder von vorn anzufangen?)

Eine halbe Stunde später saßen wir in einem stinkigen VW, an dem die Türaufhängungen rosteten und ein Hinterrad eierte. Fast automatisch, als ob er als Taxifahrer ausgebildet sei, reagierte Adel auf den chaotischen Verkehr. An einem Stopp blickte er zu mir hinüber:

»Du kannst nicht wissen, dass ich als 16-jähriger Junge für mehrere Tage unter der Stufenpyramide von Sakkara gefangen war. Damals schrieben viele Zeitungen über das Wunder, wie ich lebendig wieder ans Tageslicht fand. Ich erzähl Dir die Geschichte ein andermal.«

Zwischen dem nie enden wollenden Hupkonzert auf den Straßen Kairos, dem ständigen Stop-and-go und den Schimpftiraden anderer Fahrer erkundigte ich mich:

»Im Boden Ägyptens muss irgendwo ein phänomenales Labyrinth existieren. Viele antike Historiker berichteten darüber. Weißt du Bescheid?«

»Nur vage«, schrie er zu mir hinüber und wedelte gleichzeitig den Gestank der Abgase vor seiner Nase weg. »Wie ich Dich kenne, ist Dir die Literatur vertraut.«

»Tja, über die Labyrinthe bin ich recht gut informiert.«

Kapitel 3

Die verschwundenen Labyrinthe

Ein Labyrinth ist ein Irrgarten, ein System von Wegen oder Gängen, aus denen keiner mehr herausfindet. In Labyrinthen wimmelt es von Sackgassen. Labyrinthe sind den Verstand raubende Anlagen, die den Suchenden demoralisieren, in Angst versetzen und zur Verzweiflung bringen. Labyrinthe sind auch unübersichtliche Gefängnisse.

Irgendwo unter dem Wüstensand Ägyptens liegt ein derartiges, unvorstellbar großes Labyrinth. Mehrere antike Autoren berichteten darüber (ich komme darauf zurück.) Und auf der Mittelmeerinsel Kreta soll einst ein Labyrinth existiert haben, in dem ein Ungeheuer namens Minotauros gefangen gehalten wurde. Dieser Minotauros wird als Mischwesen beschrieben: ein Menschenkörper mit einem Stierkopf. Wie soll ein derartiges Monster auf die Insel Kreta gelangt sein?

Die Geschichte dazu strotzt von Widersprüchen und Ungereimtheiten. Alles begann mit dem Göttervater Zeus (bei den Römern hieß er Jupiter, bei verschiedenen germanischen Gruppen auch Thor, Odin oder Wotan). Und woher kam Zeus? Die griechische Mythologie überliefert, einst seien zwölf Titanen, männliche und weibliche Riesen mit ungeheurer Macht, aus dem Sternenhimmel (Uranos genannt) gekommen. Die hätten Kinder gezeugt, darunter den Sonnengott Helios und die Mondgöttin Selene. Einer der Titanen hieß Kronos. Der schwängerte seine eigene Schwester und wurde so zum Vater von Zeus. Die Geschwister von Zeus hießen Poseidon und Hades. Die drei losten ihre Herrschaftsgebiete aus: Zeus bekam den Himmel, Poseidon die Meere und Hades die Unterwelt.

Die Menschen versahen Zeus mit Beinamen wie »der Hochdonnernde«, »der Blitzeschleuderer«, »der Weitsichtige« oder »der Verwandler«. Denn Zeus zeigte sich in verschiedenen Lebewesen und Erscheinungen. Der Leda erschien er als Schwan, der Europa als Stier, der Kallisto als junger Apollon und der Danaë gar als Goldregen. Er fühlte sich aber auch von bildhübschen Jünglingen angezogen und verliebte sich in den Prinzen Ganymed, den er gleich in den Olymp entführte.

Mit seiner Gattin Europa zeugte Zeus den Sohn Minos, und der wiederum bat seinen Onkel Poseidon, er möge ihm doch bitte ein Wunder gewähren, damit die Einwohner von Kreta ihn als König anerkennen. Er versprach, was immer dem Meer entsteige, würde er ihm opfern. Daraufhin schenkte Poseidon dem Minos einen prächtigen, weißen Stier mit außergewöhnlichen Eigenschaften. Doch Minos, der Schlaumeier, wollte das einzigartige Tier behalten und nahm es deshalb in seine Herde auf. Um Poseidon zufriedenzustellen, opferte er einen ganz gewöhnlichen Stier. Und damit begann das Ungemach. Poseidon merkte den Betrug. Er hypnotisierte Pasiphaë, Minos' Gemahlin, sodass diese sich unsterblich in den Stier verliebte. Nun lebte auf der Insel Kreta damals auch ein berühmter Handwerker und Künstler aus Athen, Daidalos. Die verliebte Pasiphaë, die sich einbildete, sie müsse um alles in der Welt Sex mit dem wunderprächtigen Stier haben, bat Daidalos, er möge ihr doch helfen, an das Sperma des Stiers zu kommen. Daidalos, das Genie, baute ein Gestell aus Holz und überzog es mit einem Kuhfell. Die sexsüchtige Pasiphaë legte sich in einer Weise in das Gestell, dass der Penis des Stiers in ihre Vagina dringen konnte. So soll es geschehen sein. Der Stier begattete die Pasiphaë, und als Frucht dieser Vereinigung gebar sie das Ungeheuer Minotauros, einen Menschen mit Stierkopf. Sie nannte das Monster Asterios und musste rasch erkennen, dass dieser Asterios wütete, Gebäude zerstörte und sogar Menschen tötete. Erneut bat sie den Künstler Daidalos um Hilfe, und der baute ein verwirrendes Gefängnis, aus dem der Minotauros nie mehr entfliehen konnte: das Labyrinth.

Das Mensch-Tier-Monster hatte abscheuliche Wünsche. Es verlangte alle 9 Jahre nach sieben Jünglingen und sieben Jungfrauen. Theseus, ein Sohn des Königs von Athen, wollte dieses grausige Ritual beenden. Mutig schleuste er sich in die Gruppe der dritten Opferung ein mit der Absicht, den Minotauros umzubringen. Auf dem Wege verliebte er sich in Ariadne, eine Tochter des Königs Minos. Die wiederum bat denselben Techniker Daidalos um einen Ratschlag, wie ihr Geliebter denn nach dem Kampf gegen den Minotauros wieder aus dem unentwirrbaren Labyrinth herausfinde. Daidalos, der für jedes Problem eine Lösung hatte, zeigte der Königstochter den Ausgang des Labyrinths und übergab ihr ein Wollknäuel: den berühmten »Faden der Ariadne«. Er sollte diesen Faden beim Eingang festbinden und hinter sich abrollen. Denn der Eingang und der

Ausgang des Labyrinths lagen dicht beieinander – was nur Daidalos, der Erbauer, wusste.

Mit einem Schwert erstach Theseus den Minotauros. Anschließend folgte er dem »Faden der Ariadne« bis zum erlösenden Ausgang. Selbstverständlich erfuhr König Minos, welche Rolle der Techniker Daidalos dabei gespielt hatte. Ungerührt ließ er ihn mitsamt seinem Sohn Ikaros ins Gefängnis werfen. Doch König Minos unterschätzte die Schlauheit von Daidalos. Der nämlich konstruierte zwei Fluggürtel aus leichtem Holz, Federn, Harz und anderen Zutaten. Vater Daidalos und Sohn Ikaros schwangen sich in die Lüfte über der Insel Kreta und flogen fröhlich hinaus aufs Mittelmeer. Vor dem Start hatte Daidalos seinem Sohn Ikaros klargemacht, er solle, wo immer möglich, unter den Wolken fliegen, um der Hitze des Sonnenlichtes auszuweichen. Der Sohn nahm die Warnung seines Vaters jedoch nicht ernst und flog über den Wolken. Die Sonnenhitze brachte das Harz, mit dem die Flügel am Holz festgemacht waren, zum Schmelzen. Die Federn lösten sich, Ikaros stürzte ab. Seither trägt das Wasser an jener Stelle den Namen Ikarisches Meer und die Insel, an die der Leichnam von Ikaros an Land gespült wurde, die Bezeichnung Ikaria.

Vater Daidalos erreichte fliegend Sizilien und wurde vom dortigen König namens Kokalos begeistert aufgenommen. Schließlich sucht jeder Herrscher nach technischer Überlegenheit. König Minos auf Kreta hingegen tobte. Seine Flotte suchte nach Daidalos, und Häscher sollten die Bevölkerung nach einem fremden Mann ausfragen, der vermutlich vom Himmel geflogen sei. Zudem verbreitete König Minos auf allen Inseln ein Rätsel, von dem er annahm, dass es nur durch Daidalos lösbar sei: Wie zieht man einen Faden durch ein spiralartiges Schneckenhaus? Daidalos bohrte das Gehäuse an, befestigte einen dünnen Faden an einer Ameise und ließ das Tierchen durch das Loch kriechen. Am Eingang zum Schneckenhaus hatte Daidalos einige Tropfen Honig angebracht. Die Ameise erreichte den Eingang, den Faden hinter sich herziehend.

Minos hörte von der Lösung, schloss messerscharf, nur Daidalos könne dahinterstecken, und verlangte daher vom sizilianischen König die Auslieferung des Genies. Der Herrscher aber wollte seinen vom Himmel eingeflogenen, wertvollen Techniker nicht mehr hergeben. König Kokalos täuschte Gastfreundschaft vor und lud den kretischen König Minos zum Bade ein. Dort soll er von hübschen Mädchen mit heißem Wasser verbrüht worden sein.

Alle antiken Historiker haben über die Sage vom kretischen Labyrinth und Daidalos berichtet: Homer und Hesiod, Thukydides, Pindar, Plutarch, Plinius der Ältere, Diodor von Sizilien und selbstverständlich auch der »Vater der Geschichtsschreibung«, der Grieche Herodot. Jeder vermeldet andere Varianten und andere Zutaten, nur die Rahmengeschichte bleibt erhalten. Der griechische Schriftsteller Flavius Philostratos (um 165/170–244/249 n. Chr.) schrieb, in Knossos würde ein Labyrinth gezeigt, das früher einmal den Minotauros einschloss. Und Plutarch (45–125 n. Chr.), der wortgewaltige antike Philosoph, vermerkte: »Nicht lange danach kamen aus Kreta zum dritten Male die Gesandten, um den Tribut anzuholen …, sieben Jünglinge und sieben Jungfrauen …, der Minotauros habe sie im Labyrinth getötet, oder sie seien darin umhergeirrt, hätten den Ausgang nicht finden können und seien so zu Tode gekommen … Die Kreter aber behaupten, das Labyrinth sei weiter nichts als ein Gefängnis gewesen, an dem sonst nichts Böses war, als dass die darin Gefangenen nicht entfliehen konnten …« [27]

Was stimmt jetzt? Ein Irrgarten für den Minotauros oder nur ein Gefängnis für Menschen? In unserer Zeit suchten mehrere

Forscher nach dem Labyrinth in Kreta. Außer Höhlen wurde nichts gefunden. Wo also liegen die Überreste dieses Labyrinthes? Im Jahre 1958 verkündete der französische Archäologe Paul Faure (1916–2007), er habe das Labyrinth besucht. Doch er hatte sich geirrt. Sein Labyrinth entpuppte sich als Höhle. Zuvor schon hatte Joseph Pitton de Tournefort (1656–1708), immerhin Mitglied der französischen Akademie der Wissenschaften, behauptet, »das Labyrinth bei Gortyn« besucht zu haben. »Dieser so berühmte Ort ist ein unterirdischer Gang, nach Art einer Gasse, welche in hundert Krümmen, die gleichsam von ungefähr entstanden, und ohne die geringste Ordnung angelegt, durch den inneren Teil eines Hügels am Fuß des Berges Ida, 3 Meilen von den Ruinen von Gortyna, fortläuft.« [28] Auch dieser Labyrinthfund auf Kreta erwies sich als Luftblase. Neuzeitliche Forscher suchten nach dem verflixten Labyrinth in der Nähe der Stadt Gortyn. Diese war zur Römerzeit die Hauptstadt von Kreta gewesen. Der Ursprung Gortyns soll in mystische Zeiten zurückgehen – bis 6000 Jahre vor Christus – und würde eigentlich zur Sage von Minotauros passen. Nun aber ist archäologisch erwiesen, woher das Material zum Bau von Gortyn stammte, nämlich von einem Steinbruch nahe der kretischen Stadt Mires. Nördlich des Dorfes Kastelli liegt ein Hügel mit Höhlen, von denen einige definitiv künstlich ausgebaggert wurden. Eine der Höhlen wurde im Zweiten Weltkrieg von den Nazis als Munitionsdepot benutzt. Diese Höhlen bei Gortyns werden den Touristen heute noch als das ursprüngliche Labyrinth angedreht. Nur stimmt nichts davon.

Der gründlichste Kenner aller Labyrinthe war zweifellos der deutsche Rechtsanwalt und Kunsthistoriker Hermann Kern (1941–1985). In seinem fulminanten Werk *Labyrinthe* [29] werden alle nur denkbaren Labyrinthvarianten behandelt. In Bezug auf das von Kreta kommt Hermann Kern zu dem Schluss, keiner der antiken Schriftsteller habe das wirkliche Labyrinth je besucht und – sofern es überhaupt existierte – auch kein zeitgenössischer Forscher.

Im Jahre 1894 kam der Brite Arthur Evans (1851–1941) nach Kreta, und er glaubte – genauso wie vor ihm der Deutsche Heinrich Schliemann (1822–1890) – an die Realität der antiken Schilderungen. So verließ sich Sir Arthur Evans auf den alten Philosophen Homer, den Autor der *Illias* und der Geschichte um den Helden Odysseus. Homers Lebensdaten konnten bis heute nicht eruiert werden. Irgendwo, so wird vermutet, müsste er zwischen 800 und 1200 vor Christus gewirkt haben. Homer hatte sehr ausführlich über Kreta, über seine Sagen, über das Labyrinth und auch über den Königspalast von Knossos berichtet, genau jenes Gebäude, das die Residenz des Königs Minos gewesen war und zu dessen Zeit sich die Geschichte mit dem Labyrinth und dem Minotauros abgespielt hatte.

Sir Arthur Evans wurde Direktor des Ashmolean-Museums in Oxford. Er sammelte Geld und Gönner, um auf Kreta graben zu können. Am 23. März 1900 war es so weit: Sir Arthur Evans, der überzeugte Anhänger von Homer, landete mit dreißig Mann auf Kreta. Schicht für Schicht rissen die Männer den Boden auf, immer auf der Suche nach dem Palast des Königs Minos und dem vermaledeiten Labyrinth. Bald konnten Evans und seine Truppe beweisen, dass auf Kreta tatsächlich ein Kult um den Stier betrieben worden war. Die entsprechenden Motive tauchten auf Wandmalereien und Keramiken auf: Stiere und Stiergehörne. [Bild 7] Doch nirgendwo fand sich der Eingang zu einem Labyrinth, desgleichen keinerlei Werkstatt des genialen Daidalos und auch keinerlei Knochen des Ungeheuers Minotauros. Immerhin konnte Arthur Evans belegen, dass Homers Beschreibungen recht zutreffend waren. Doch für die meiste Verwirrung sorgten die Datierungen der Funde. Ganz offensichtlich war der Palast des Königs Minos mehrmals zerstört und wieder aufgebaut worden, wobei selbst die älteste Anlage die gleiche Größe gehabt haben musste wie die jüngste: Die ältesten Funde stammten aus einer Zeit von rund 5000 vor Christus. Sir Arthur Evans gab nicht auf. Irgendwo unter der Erde musste doch ein Eingang zu diesem Labyrinth auftauchen. Schließlich landeten die Ausgräber in der Steinzeit – rund 8000 vor Christus. Vereinzelte Megalithblöcke wurden freigelegt – doch keine Spur eines Labyrinths.

Die Mauern des Palastes von Knossos entpuppten sich als ein in sich verschachtelter Komplex aus Innenhöfen, Sälen und kleineren Kammern. [Bilder 8–10] Über eintausend Räume wurden freigelegt. Dann fand man badewannenförmige Gefäße mit

Bild 7

Bild 8

Bild 9

Bild 10

Abflusslöchern – doch ohne Abflussleitung. Eine Vielzahl von Treppen, oft nur in 10 Metern Abstand voneinander, führten auf eine große Dachterrasse. Gab es Anlässe, zu denen alle Bewohner gleichzeitig aufs Dach drängten? Arthur Evans und seine Truppe stießen auf mehrere Magazinräume, angefüllt mit 2 Meter hohen Tongefäßen. Wozu sollten sie dienen? [Bilder 11–13] In seinem Buch *Wohin der Stier Europa trug* vermerkte der deutsche Geologe Dr. Hans Georg Wunderlich (1928–1974) dazu:

»Schon bei normalen Vorratsgefäßen fragt man sich verwundert, wie sie eigentlich entleert und von Zeit zu Zeit gereinigt wurden, da man auch mit sehr langen Kellen kaum den Grund erreicht, selbst wenn man sich eines Stuhls oder eines Hockers bedient. Die Riesen-Pithoi [= Tongefäße, EvD] werfen in dieser Hinsicht ein unlösbares Problem auf: Sie lassen sich nicht einmal kippen … Vorratsgefäße von der Größe dieser Riesen-

Pithoi mussten schon vor der Errichtung der umschließenden Mauern herbeigeschafft, aufgestellt und sodann eingemauert worden sein, ohne dass später je die Möglichkeit bestand, sie durch andere Gefäße zu ersetzen. Füllen und Entleeren war wohl nur mithilfe von Schläuchen möglich, nach dem Prinzip der kommunizierenden Röhren. Doch wie unpraktisch, solche Gefäße an schwer zugänglicher Stelle einzubauen! Man wendet sich irritiert ab …« [30]

Neue Berechnungen ergaben, dass ein einziger dieser monströsen Tonkrüge durchschnittlich 586 Liter fasste. »Die Summe aller allein im Westtrakt des Palastes von Knossos untergebrachten Behälter belief sich auf 420, was einer Speicherkapazität von 226 000 Litern entsprach.« [31] Jetzt aber lagerten derartige »Ölbehälter«, von den Archäologen oft Zisternen genannt, nicht nur im Westteil des Palastes, sondern in allen größeren Gebäuden. Die Lagerkapazität war gigantisch. Wozu nur wurden sie gebraucht?

Sir Arthur Evans vermutete, die Minoer hätten für Krisenfälle vorgesorgt. Das kann nicht stimmen. Knossos fürchtete keine

Bild 11

Gefahr, die ganze Insel Kreta war unbefestigt, es gab keine sie umgebenden Mauern. Der Herrscher war ein Göttersohn mit Fähigkeiten für besondere Anlässe, und um die Insel herum kreiste ständig ein Roboter. Wie bitte?

Hephaistos, ein Sohn von Zeus, soll einen unzerstörbaren Wächter namens Talos konstruiert haben. Diesen Wächter schickte Zeus höchstpersönlich nach Kreta, um die Insel zu beschützen. Talos bestand aus einem unverletzbaren, metallenen Körper. In der antiken Literatur wird er als »bronzener Gigant« [32] beschrieben oder als ein Wesen, »das am ganzen Leib mit Erz überzogen war«. [33] Apollonius von Rhodos, der irgendwann im 4. Jahrhundert vor Christus lebte und ausführlich über die Irrfahrten des Schiffes *Argo* und seiner Mannschaft, den Argonauten, berichtete, schrieb, Talos habe die Insel Kreta dreimal im Jahr umkreist. [34] Andere Autoren der damaligen

Bild 12

Zeit sprechen von »dreimal täglich«. [35] Der Talos verfügte über magische Augen, mit denen er jedes Schiff anpeilte, das sich der Insel Kreta unerlaubt näherte. Dann beschoss er es aus großer Distanz. Er besaß die Fähigkeit, Hitze abzustrahlen, Boote an sich heranzuziehen und verglühen zu lassen.

Obschon unangreifbar, hatte Talos eine schwache Stelle. An seinem Knöchel lag eine Sehne, mit gegerbter Haut bedeckt, und darunter ein metallener Nagel oder eine Schraube. Fehlte dieser Verschluss, so quoll farbloses Blut aus der Öffnung, und Talos verlor seine Bewegungsfähigkeit. In der *Argonautika* wird geschildert, wie Jason, der Kapitän der *Argo*, sich der Insel Kreta näherte. Prompt ortete der Roboter Talos das Schiff und nahm es unter Beschuss. Doch Jasons Gattin kannte einen Zauber, um den Talos zu lähmen. Sie irritierte die Augen von Talos in einer Weise, dass er »Traumbilder sah« und an einen Felsen knallte. Plötzlich floss Blut »wie flüssiges Blei« aus einer Wunde am Knöchel. Zitat aus der *Argonautika:* [34]

»Obgleich er ehern war, erlag er doch unter dem Zauber ..., so stößt er mit dem Knöchel an einen spitzigen Stein, ein Saft fließt gleich geschmolzenem Blei heraus. Er konnte nicht länger aufrecht stehen und kippte, wie auf dem Gipfel eines Berges eine Fichte zu fallen kommt ..., also raffte er sich nochmals auf und stand auf den mächtigen Füßen. Aber nicht lange, so fiel er mit großem Geklatsche auf den Boden ...«

Willenlos taumelte Talos hin und her, verlor schließlich das Gleichgewicht und stürzte mit schauerlichem Getöse ins Meer. Dort liegen die Überreste dieser automatischen, mit Radaraugen versehenen Waffe vermutlich heute noch.

Kreta fürchtete sich vor keinen Feinden, deshalb war auch der Palast von Knossos von keiner Mauer umgeben. Sir Arthur Evans, erfolglos auf der Suche nach dem Labyrinth, vermutete schließlich, mit dem Wort »Labyrinth« sei der mit Höfen und Räumen verschachtelte Palast des Minos gemeint gewesen. Doch diese Ansicht passt überhaupt nicht zu den Beschreibungen über das Labyrinth. Die Residenz des Königs Minos mag verwirrend, doch in keiner Weise »labyrinthisch« sein. Der Palast entspricht auch niemals einem von Daidalos gebauten Irrgarten, geschweige denn wurde dort irgendwo ein Raum lokalisiert, der zum Monstrum Minotauros gepasst hätte. Gab's diesen Minotauros wirklich? Und wozu diente die unheimliche Lagerkapazität der Ölreserven? Vielleicht hilft die Spekulation weiter:

Aus dem *Kebra Nagast,* dem jahrtausendealten Werk über die Könige von Äthiopien, weiß ich, dass König Salomon mehrere Flugapparate besaß, mit denen er seine Geliebte, die Königin von Saba, besuchte. [36] Diese fliegenden Gebilde waren keine extraterrestrischen Vehikel, sondern zeppelinartige Heißluftballone, angetrieben und steuerbar durch bescheidene Dampfmaschinen. Um Dampf zu produzieren, braucht man Feuer und Wasser. Transportierbares Feuer lässt sich am einfachsten in Form eines in einem Behälter befindlichen brennenden Öls bewerkstelligen. Dieses erhitzt das Wasser bis zum Siedepunkt, und der entstehende Dampf treibt letztlich einen primitiven Propeller an. Weitab von Kreta, im fernen Jemen, lebte ein Ableger der Minoer. Das ist keine Erfindung von mir, sondern darüber berichtete der römische Geschichtsschreiber Plinius der Ältere im sechsten Buch seiner *Naturgeschichte.* [37] Die Riesentonkrüge im Palast von Knossos könnten Treibstofflager gewesen sein. Und auch die zahlreichen Treppen ergeben einen Sinn: Näherte sich ein solcher Heißluftballon, dann rannte das Volk auf die Flachdächer. Die Ankunft und der Abflug der fliegenden Verwandten aus dem fernen Königreich von Saba waren jedes Mal ein Spektakel. Da musste man dabei sein.

Und der Minotauros? Ein Mischwesen aus einem Stierkörper und einem Menschenkopf? Alles erfunden? Erstunken und erlogen?

Mischwesen sind biologisch unmöglich. Aus einer Kreuzung zwischen Mensch und Tier entsteht nie und nimmer ein neues Wesen. Weshalb nicht? Weil die Chromosomenzahl der beiden unterschiedlichen Arten nicht aufeinanderpasst. Jeder Mensch besitzt 23 Chromosomenpaare. Man nennt das den »einfachen Chromosomensatz«. Ein Tier – egal welches – mag noch so verwandt mit dem Menschen sein (zum Beispiel Schimpansen), aber es verfügt über einen anderen Chromosomensatz. Wäre

Bild 14

ein Mann derart pervers, sich mit einer Äffin einzulassen, würde trotzdem kein Affenmensch daraus. Es wird gemunkelt, die russische Zarin Katharina II. (1729–1796) habe sich durch ihren Schimmelhengst Brillant begatten lassen. Ein Centauer – halb Mensch, halb Pferd – ging trotzdem nicht daraus hervor. Zwar existierten derartige Wesen in der griechischen Mythologie, [Bilder 14+15] doch dort sollen die Centauren (auch Kentauren) von Ixion, dem König der Lapithen, und einer Wolke geschaffen worden sein. Sie galten als Lüstlinge. Bei einer Hochzeit des Königs der Lapithen sollen sich mehrere betrunkene Centauren über die anwesenden Damen hergemacht haben. Es soll aber auch weise und hochintelligente Centauren gegeben haben. Der bekannteste dieser hilfreichen Centauren hieß Cheiron, der vom Titanen Chronos geschaffen wurde. Sie erinnern sich? Chronos, der Vater von Zeus. Cheiron soll mehrere griechische Helden großgezogen haben, darunter Achilleus und Asklepios. Auch Jason, der Kapitän des Schiffes *Argo* in der Geschichte der *Argonautika*, wurde von einem Centauren erzogen. Am Ende der Geschichte wird Cheiron zu einem Sternbild.

Bild 15

Also alles nur Wunschdenken und Erfindungen des Menschen? Es gab nie Mischwesen? Vermutlich doch, aber auf eine andere Art, als es sich die Menschen der Antike vorstellen konnten. Zwar kann der Minotauros von Kreta niemals durch eine Begattung zwischen einem Stier und der Königin von Kreta, der Pasiphaë, entstanden sein, trotzdem könnte er existiert haben. Wie bitte?

Auch im Alten Ägypten lebte ein heiliger Stier, sozusagen ein Verwandter des Minotauros. Das ägyptische Ungeheuer hieß Apis. Auch er konnte toben, Felder verwüsten, Tempel zum Einsturz bringen und Greise wie Kleinkinder töten. Herodot, der griechische Historiker, der einige Jahre in Ägypten lebte, schrieb:

»Der sogenannte Apis hat folgende Abzeichen: Er ist schwarz; auf der Stirn trägt er einen viereckigen, weißen Fleck, auf dem Rücken das Bild eines Adlers, die Schweifhaare sind doppelt, und unter der Zunge erkennt man das Bild eines Käfers.« [38]

Dieser ganz besondere Stier wurde bereits im vorgeschichtlichen Ägypten verehrt. Die Ur-Ägypter sahen im göttlichen Stier einen Abkömmling aus dem Kosmos, ein Werk des Gottes

Bild 16

Bild 17

Ptah. Diese früheste Verehrung belegen Paletten mit sternengeschmückten Stierköpfen, die in Abydos auftauchten, aber auch goldene Sonnenscheiben, die den Apis-Stieren zwischen die Hörner geklemmt wurden. [Bilder 16–18] Zudem stammen die ältesten Megalithmauern von Abydos aus einer geschichtslosen Steinzeit. Passt vortrefflich zusammen! Der griechische Historiker Plutarch (um 50 n. Chr.) überlieferte, dieser göttliche Stier sei nicht auf natürliche Weise ins Leben getreten, sondern durch einen Strahl, der vom Himmel fiel. [27] Derartige Ansichten fanden ihre Bestätigung auf einer Stele, die der französische Archäologe Auguste Mariette (1821–1881), der Begründer des Ägyptischen Museums, in der unterirdischen Anlage des Serapeums bei Sakkara fand. Über dem Apis-Stier stand da: »Du hast keinen Vater – du bist vom Himmel geschaffen.« [39]

Ob auf Kreta, in Ägypten, in Griechenland oder anderswo: Alle Mischwesen sind mit den Göttern und dem Sternenhimmel

Bild 18

verbandelt. Das beginnt bereits im sumerischen *Gilgamesch-Epos.* Gilgamesch, der König von Uruk, war ein Mischwesen: »So schufen den Gilgamesch die großen Götter Schamasch und Adal. Elf Ellen lang war sein Wuchs …, zwei Teile sind Gott an ihm, Mensch sein dritter Teil.« [40]

Die Sphinx vor den großen Pyramiden? Ein Mischwesen. Die sogenannten fliegenden Genien auf sumerischen Rollsiegeln? Mischwesen. Die bildlich eindeutigen Darstellungen auf dem schwarzen Obelisken des assyrischen Königs Salamasar II. (859–824 v. Chr.), die sich heute im Britischen Museum in London befinden? Mischwesen. (Eingemeißelt ist ein groß gewachsener Mann, der merkwürdige Tiere an einem Strick, im zweiten Beispiel an einer Kette, führt. Die kleinen Wesen zeigen eindeutig Menschenköpfe. Eines lutscht am Daumen, das andere zeigt die lange Nase. Doch beide Wesen haben die Körper von Tieren. Dass sie gelebt haben müssen, beweisen die Kette und der Strick, an denen die Mischwesen abgeführt werden.) [Bild 19]

Bild 19

»Fabelwesen« mit Löwenpranken, Löwenkörpern und Menschenköpfen gibt es nicht nur in Ägypten, sie sind in vielen Museen der Welt zu bestaunen. Ob im Asutosh-Museum von Kalkutta, im Archäologischen Museum von Ankara, ob im Museum von Delphi in Griechenland oder im Metropolitan-Museum von New York: Zwitterwesen und Monster – so weit das Auge reicht. [Bilder 20+21] Nur hat die Evolution nie Mischwesen produziert, und durch einen Geschlechtsakt zwischen Mensch und Tier können sie wegen der ungleichen Chromosomenzahl nicht entstanden sein. Also wieder mal nur blühende Fantasie?

Wer weiß schon, dass der Historiker und Kirchenfürst Eusebius (263–339 n. Chr.) die Existenz dieser Mischwesen klipp und klar bestätigte? Dabei bezieht sich Eusebius auf den ägyptischen Historiker und Priester Manetho (3. Jahrhundert v. Chr.), aber auch auf andere Quellen, wie er im Vorwort seiner *Chronographie* festhält: [41]

»… und sie [die Götter, EvD] hätten erzeugt Menschen, doppeltbeflügelte; dazu auch andere mit vier Flügeln und zwei Gesichtern und einem Leib mit zwei Köpfen … und zwei Naturen, männlichen und weiblichen: weiter noch andere Menschen mit Schenkeln von Ziegen und Hörnern am Kopf; noch andere, pferdefüßige; und andere von Pferdegestalt an der Hinterseite und Menschengestalt an der Vorderseite. Erzeugt haben sie auch Stiere, menschenköpfige … sowie noch andere Ungeheuer, mannigfaltig geartet und untereinander verschieden, deren Bilder sie im Tempel des Belos eins neben dem anderen dargestellt aufbewahren …«

Was machen wir jetzt? Diese Kreaturen können nur durch genetisches Design entstanden sein. Doch vor Jahrtausenden beherrschten die Menschen keine Genetik. (Heute weiß jeder Genetiker, dass und wie man Mischwesen kreieren könnte.) Übrig bleiben jene Götter, auf die sich Eusebius und alle anderen

Bild 20

Historiker beziehen. Und die Götter – das ist inzwischen ein alter Hut – waren fremde Astronauten. Weshalb, um alles in der Welt, sollten Außerirdische Mischwesen schaffen? Was haben sie davon? Gesucht wurden diverse Lebensformen, die sich auf anderen Planeten (heißeren, kälteren, kleineren, größeren etc.) ansiedeln ließen. Dazu mussten die ETs keine Monstren in ihre Raumschiffe verfrachten. Ein paar Gramm DNS der betreffenden Gattung reichte.

Das Labyrinth von Kreta ist bislang nicht lokalisiert worden, genauso wenig wie jenes in Ägypten – obschon in der archäologischen Fachliteratur das Gegenteil vermittelt wird. Was stimmt jetzt? Existierte in Ägypten einst ein Labyrinth? Zehnmal größer als jenes von Kreta? Ist dieses ägyptische Labyrinth gefunden worden oder liegt es immer noch verschlossen und von unserer

Zivilisation unberührt irgendwo unter Ägyptens Wüstenboden? Hatten Adel H. oder Mitglieder seiner Grabräubersippe möglicherweise jenes Labyrinth besucht, und schwiegen sie darüber, weil dort unten nie enden wollende Schätze lagerten?

1989, 8 Jahre vor der Ermordung von Adel, schrieb ich mein Buch *Die Augen der Sphinx* [42]. Bereits dort behandelte ich die Fragen nach dem ägyptischen Labyrinth. Seither sind 30 Jahre verstrichen, neue Informationen kamen dazu, neue Quellen wurden aufgetan. Die unglaubliche Geschichte in Bezug auf das ägyptische Labyrinth ist über 2500 Jahre alt. Im Jahre 448 vor Christus landete der Grieche Herodot in Alexandria. Emsig

Bild 21

notierte er, was die Priester, die Wissenden der damaligen Zeit, ihm anvertrauten. Dabei machte er klare Unterschiede zwischen dem, was er hörte, und dem, was er mit eigenen Augen erlebte. Im 2. Buch seiner *Historien,* Kapitel 148, beschreibt er seinen höchstpersönlichen Besuch im Labyrinth [38]:

»Auch ein gemeinsames Denkmal wollten sie [die zwölf Könige, EvD] hinterlassen und erbauten deshalb das Labyrinth, das etwas oberhalb des Moeris-Sees liegt, etwa in der Nähe der sogenannten Stadt der Krokodile. Ich habe es noch gesehen; es übersteigt alle Worte. Wenn man in Griechenland die ähnlichen Mauerbauten und andere Bauwerke zusammennähme, so steckt in ihnen noch nicht so viel Arbeit und so viel Geld wie in diesem einen Labyrinth. Dabei sind doch der Tempel von Ephesos und der auf Samos recht ansehnlich. Gewiss übertrafen schon die Pyramiden jede Beschreibung, und jede von ihnen wog viele große Werke der Griechen auf; das Labyrinth aber überbietet sogar die Pyramiden. Es hat zwölf überdachte Höfe, deren Tore einander gegenüberliegen, sechs im Norden, sechs im Süden, alle dicht beieinander. Rings um alle läuft eine einzige Mauer. Zwei Arten von Kammern sind in diesem Gebäude, unterirdische und darüber oberirdische, zusammen 3000, je 1500 von beiden Arten. Durch die oberirdischen Räume bin ich betrachtend selbst gegangen und schreibe aus eigener Erfahrung; von den Kammern unter der Erde habe ich mir nur erzählen lassen. Denn die ägyptischen Aufseher wollten sie auf keinen Fall zeigen. Sie erklärten, dort befänden sich die Särge der Könige, die dieses Labyrinth von Anfang an gebaut hatten, und die Särge der heiligen Krokodile. So kann ich von den unteren Kammern also nur sagen, was ich gehört habe. Die oberen, die ich mit eigenen Augen sehen konnte, sind ein geradezu übermenschliches Werk. Die Ausgänge durch die Säle und die Kreuz- und Quergänge durch die Höfe mit ihren bunten Farben boten Wunder über Wunder. Da kommt man aus dem Hof in die Säle, aus den Sälen in die Säulenhallen, aus den Hallen wieder in andere Kammern und aus ihnen wieder in andere Höfe. Überall ist die Decke aus Stein, ebenso wie die Wände; die Wände sind voller Reliefs, jeder Hof von sorgfältig gefügten, weißen Marmorsäulen umgeben. An die Ecke am Ende des Labyrinths stößt eine 40 Klafter große Pyramide an, in die riesige Figuren eingehauen sind. Ein unterirdischer Gang führt in das Innere der Pyramide. So gewaltig also ist dieses Labyrinth. Doch ein noch größeres Wunderwerk bietet der sogenannte Moeris-See, an dessen Ufer dieses Labyrinth errichtet ist. Er hat einen Umfang von 3600 Stadien, das sind 60 Schoinen, in seiner Länge sogar der Meeresküste von Ägypten gleich. Er erstreckt sich von Norden nach Süden und hat eine größte Tiefe von 50 Klaftern. Dass er ein Menschenwerk und künstlich gegraben ist, sieht man deutlich. Denn etwa in der Mitte des Sees stehen zwei Pyramiden, die 50 Klafter hoch aus dem Wasser hervorragen und ebenso tief hineinreichen. Auf beiden Pyramiden steht ein Kolossalbild aus Stein, eine auf dem Thron sitzende Figur. So sind die Pyramiden also 100 Klafter hoch. Diese 100 Klafter bedeuten 1 Stadion von 6 Plethren, denn 1 Klafter rechnet 6 Fuß und 4 Ellen, 1 Fuß 4 Handbreiten, die Elle 6 Handbreiten. Das Wasser im See ist kein Quellwasser, denn die Gegend ist sehr wasserarm. Es wird durch einen Kanal aus dem Nil hergeleitet. 6 Monate fließt es in den See, 6 Monate fließt es wieder heraus in den Nil … Die Einheimischen erzählen, dass der See einen unterirdischen Abfluss nach der libyschen Syrte habe, der nach Westen ins Land hineinführt, entlang den Bergen oberhalb von Memphis …«

Eigentlich unfassbar, was dieser Herr Herodot da überliefert. Über welche Größenordnungen berichtet er? Was ist 1 Plethron? Was 1 Stadion? Hier die griechischen Längenmaße:

1 Fuß = 30 Zentimeter
100 Fuß = 1 Plethron
1 Plethron = 30 Meter
1 Klafter = 1,8 Meter
1 Stadion = 180 Meter
50 Stadien = 9 Kilometer
2000 Stadien = 360 Kilometer

Herodot stellt unmissverständlich klar, dass er die unterirdischen Räume *nicht* kennt. Und wie viele derartige Räume sollen existieren? 1500. Dagegen betont er, höchstpersönlich in den oberirdischen Räumen gewesen zu sein. »Durch die oberirdischen Räume bin ich betrachtend selbst gegangen und schreibe aus eigener Erfahrung.« Herodot kennt die Pyramiden von Gizeh. Schließlich hat er ausführlich darüber berichtet. Und – es ist nicht zu fassen – »… das Labyrinth überbietet sogar die Pyramiden«. Auch die oberirdischen Räume bestanden aus mächtigen Steinplatten: »Überall ist die Decke aus Stein, ebenso wie die Wände; die Wände sind voller Reliefs …« Dann dieser riesige, künstlich angelegte Moeris-See und mitten darin zwei Pyramiden von je 100 Klaftern Höhe. 50 Klafter unter und 50 Klafter über Wasser. Das ist höher als die Cheops-Pyramide. 100 Klafter entsprechen 180 Metern. Auf jeder Pyramide thront ein Kolossalbild.

Herodot behauptet, direkt neben dem Labyrinth liege eine Pyramide und all dies am Ufer des Moeris-Sees. Diesen See beschreibt er als »menschliches Wunderwerk mit einem Umfang von 3600 Stadien …, in seiner Länge sogar der Meeresküste von Ägypten gleich …«

Auf heutige Maße umgerechnet müsste dieser See einen Umfang von 648 Kilometern gehabt haben. Zum Vergleich: Der Umfang des Bodensees beträgt 273 Kilometer.

Ist dem emsigen Berichterstatter Herodot die Fantasie durchgegangen? Ließ er sich falsche Zahlen aufschwatzen? Was wissen denn die anderen antiken Historiker über dieses Labyrinth? Vor rund 2 Jahrtausenden war Herodot schließlich nicht der einzige prominente Besucher Ägyptens. Knapp 400 Jahre nach Herodot hielt sich auch Diodor von Sizilien in Ägypten auf. Im ersten Buch, Kapitel 61, seiner *Bibliothek der Universalgeschichte* berichtet auch er über das Labyrinth: [43]

»Nach dem Tode dieses Königs errangen sich die Ägypter wieder ihre Unabhängigkeit und setzten einen Einheimischen auf den Thron, den Mendes, den einige auch Marrhos nennen. Dieser vollführte nun zwar keine kriegerischen Taten, erbaute sich aber ein Grabmal, das sogenannte Labyrinth, welches nicht sowohl wegen der Großartigkeit des Baues berühmt war, als wegen dessen unnachahmlicher Künstlichkeit. Wer dasselbe nämlich betritt, kann nicht leicht den Ausgang finden, wenn er nicht einen ganz kundigen Führer zur Seite hat. Einige erzählen auch, Dädalos sei nach Ägypten gekommen, habe die Künstlichkeit des Werkes bewundert und danach dem Minos, König von Kreta, ein Labyrinth gebaut ähnlich dem in Ägypten, in welchem der Sage nach der sogenannte Minotauros sich aufhielt. Das Labyrinth von Kreta ist nun gänzlich verschwunden, sei es nun, dass ein Machthaber es niederriss oder dass die Zeit das Werk zerstört hat. Das in Ägypten aber ist in seinem ganzen Bau bis auf den heutigen Tag unversehrt geblieben …«

Fünf Kapitel später erzählt Diodor von Sizilien dieselbe Geschichte über die zwölf Könige und ihr gemeinsames Grabmal wie Herodot:

»… nun verschworen sich zusammen zwölf der Mächtigsten unter den Großen. Sie hielten eine Versammlung zu Memphis, verbanden sich durch einen Vertrag zu gegenseitiger Freundschaft und Treue und erklärten sich zu Königen …, sie entschlossen sich, ein gemeinsames Grabmal für alle zu bauen … Es sollte etwas Größeres werden als alle Werke ihrer Vorgänger. Sie wählten dazu einen Platz bei der Einfahrt in den See Möris [Moeris] in Libyen. Das Grabmal wurde aus den schönsten Steinen gebaut. Es erhielt von unten die Gestalt eines Vierecks, dessen jede Seite ein Stadion maß … Innerhalb der Ringmauer war eine Halle gebaut, deren jede Seite aus vierzig Säulen bestand. Die Decke war aus einem Stein, mit künstlich ausgemeißeltem Getäfer und verschiedenen bunten Gemälden. Es waren Denkwürdigkeiten aus der Heimat der einzelnen Könige …«

Bei Diodor wird nicht klar, ob er das Labyrinth persönlich besuchte oder ob er von seinem Vorgänger Herodot abschrieb. Immerhin behauptet er, das Labyrinth in Ägypten sei in seinem ganzen Bau bis auf den heutigen Tag unversehrt geblieben. Zudem siedelt auch er das Labyrinth beim Moeris-See an.

Noch weiter als Diodor geht sein Kollege, der griechische Historiker und Geograf Strabon von Amaseia (ca. 63 v. Chr.–23 n. Chr.). Der besuchte Ägypten im Jahr 25 vor Christus und erlebte das Labyrinth definitiv höchstpersönlich. Im 17. Buch seiner *Geographika* (Kapitel 37) berichtet er: [44]

»Der See des Möris [Moeris] ist durch seine Größe und Tiefe geeignet, während der Anschwellungen des Nils die überströmenden Fluten zu fassen …, an beiden Mündungen des Kanals aber befinden sich auch Schleusen, durch welche die Baumeister den Ein- und Ausfluss des Wassers mäßigen. Außerdem ist hier auch das Labyrinth, ein den Pyramiden gleichkommendes Bauwerk, und daneben das Grabmal des Königs, welcher das Labyrinth erbaute. Es ist, wenn man von der ersten Einfahrt in den Kanal ungefähr 30–40 Stadien vorwärtsgeht, eine ebenso vierseitige Fläche mit einem Dorfe und einem großen Palastbau, der aus so vielen Palästen besteht, als früher Nomen waren. Denn so viel sind aneinanderstoßende Palasthallen, alle in einer Reihe und alle an einer Wand … Vor den Eingängen liegen viele und lange verdeckte Gänge, welche untereinander verschlungene, krumme Wege haben, sodass ohne einen Führer jedem Fremden den Eingang oder Ausgang einer jeden Palasthalle zu finden unmöglich ist. Bewundernswert aber ist, dass die Decke eines jeden der Gemächer aus einem Stein besteht, und dass auch die Breiten der verdeckten Gänge mit Platten aus einem Steine von außerordentlicher Größe bekleidet sind, indem nirgends weder Holz noch ein anderes Baumaterial beigemischt ist. Besteigt man das Dach, das in einer bedeutenden Höhe ist, so erblickt man eine Steinfläche von ungeheuren Platten …, auch die Wände sind aus Steinen von nicht geringer Größe zusammengefügt. Am Ende dieses mehr als ein Stadium enthaltenden Bauwerks ist das Grabmal, eine vierseitige Pyramide: Seiten und Höhe von 400 Fuß. Der Begrabene heißt Imandes … Schifft man bei diesem Bauwerk vorbei und 100 Stadien weiter, so trifft man auf die Stadt Arsinoe. Sie hieß früher Krokodilstadt …, unser Gastwirt, einer der geachtetsten Männer, der uns dort die heiligen Gegenstände zeigte, ging mit uns zum See …«

Strabon war Augenzeuge. Er berichtete, sein Gastwirt habe ein hartes Brot mit zum See gebracht und es dort dem Priester geschenkt, damit dieser es einem Krokodil zum Fressen vorwerfe. Doch das Tier döste am Seeufer und war zu faul, das Brot zu verschlingen. Strabon war tief beeindruckt von den gigantischen Steinplatten, die beim Bau der Hallen eingesetzt wurden. Auch Strabon verglich die Größe des Labyrinths mit den Pyramiden. Doch weshalb erwähnte er mit keinem Sterbenswörtchen die 1500 Räume unter der Erde? Dafür gibt es gute Gründe:

Bei Strabons Besuch beherrschten die Römer Ägypten. Strabon war zwar Grieche, aber Griechenland gehörte zum römischen Weltreich. 22 Jahre vor ihm hatte der römische Imperator

Gaius Julius Cäsar (100–44 v. Chr.) das ägyptische Heer vernichtend geschlagen und seine Geliebte Kleopatra als Königin über Ägypten eingesetzt. Das große Land am Nil war letztlich eine römische Provinz geworden. Verständlich, dass die ägyptische Priesterschaft nicht im Traum daran dachte, den verhassten Eroberern ihre uralten Geheimnisse auszuliefern. Die Plünderungen von Julius Cäsar und seinen Armeen waren auch in Ägypten gefürchtet. Schließlich waren es Cäsars Soldaten gewesen, die im Jahre 47 vor Christus in Alexandria wüteten und die weltberühmte Bibliothek in Brand setzten. Jetzt hatte schon Herodot, und dies 423 Jahre vor Strabon, keine Erlaubnis erhalten, die unterirdischen Räume des Labyrinths zu besichtigen. Also ist es nicht verwunderlich, wenn auch Strabon kein Sterbenswörtchen von den unterirdischen Schätzen zu hören bekam. Zudem lag zwischen den Besuchen von Strabon und Herodot fast ein halbes Jahrtausend. Zu Herodots Zeiten konnten die Priester voller Stolz mitteilen, man sehe nur die 1500 Räume über der Erde – weitere 1500 lägen darunter. Über 400 Jahre später wussten die ägyptischen Reiseführer nichts mehr von den 1500 Räumen – oder sie schwiegen aus politisch verständlichen Gründen.

Das Labyrinth existierte. Bewiesen sind die eindrücklichen Räume über der Erde. Schließlich wurden sie mit den Pyramiden verglichen. Und knapp 100 Jahre *nach* Strabon war dieses Labyrinth immer noch in aller Munde, belegt durch den römischen Historiker Gaius Plinius Secundus (61–113 n. Chr.). Im 36. Buch seiner *Naturgeschichte* beruft sich Plinius auf Herodot, bemüht sich aber, seinen Vorgänger zu korrigieren und zu ergänzen: [37]

»Auch von den Labyrinthen, diesen seltsamsten, aber nicht, wie man glauben möchte, erdichteten Werken des menschlichen Geistes, müssen wir handeln. Noch jetzt nämlich befindet sich ein solches in dem heracleotischen Bezirke Ägyptens, welches zugleich das älteste und angeblich vor 3600 Jahren von dem König Petesuchus oder Thitoes erbaut ist, während Herodot sagt, es sei von zwölf Königen, deren letzter Psammetich gewesen, erbauet worden. Die Ursache seiner Erbauung wird verschieden angegeben …, es unterliegt keinem Zweifel, dass von diesem Labyrinthe Daedalos das Muster zu dem von ihm erbauten genommen hat, aber er ahmte nur den hundertsten Teil davon nach … Des Daedalos-Labyrinth war also nach dem ägyptischen das zweite, das dritte befand sich auf Lemnos, das vierte in Italien. Alle waren von polierten Steinen gewölbt gebauet, das ägyptische hat am Eingang parische Steine, was mich wundert, im Übrigen aber besteht sein Material aus großen Blöcken von Syenit, und selbst Jahrhunderte konnten es nicht zerstören, obgleich die Heracleopoliter das Ihrige dazu beigetragen haben, ein ihnen verhasstes Werk zu beschädigen … (Das Labyrinth) enthält außerdem die Tempel aller ägyptischen Gottheiten, ferner Rachegöttinnen in vierzig Kapellen, mehrere Pyramiden von je 40 Ellen Höhe, welche mit ihrer Basis einen Raum von sechs Äckern einnehmen. Jetzt schon ermüdet vom Gehen, kommt man an jene unentwickelbar durcheinanderlaufenden Gänge. Aber auch hohe Speisezimmer sind oben, und auf neunzig Stufen steigt man in Galerien hinab, welche Säulen von Porphyr, Götzenbilder, Königsstatuen und allerlei scheußliche Gestalten enthalten. Einige von den Häusern haben eine solche Länge, dass beim Öffnen der Türen inwendig ein schrecklicher Donner erschallt. In dem größten Teile des Labyrinths muss man im Finstern wandern. Außerhalb der Mauer findet man noch mehrere andere, große Gebäude, welche Flügel heißen, ferner stehen einige Häuser in unterirdischen Gewölben.«

Gaius Plinius Secundus scheint persönlich dort gewesen zu sein, sonst könnte er kaum vermerken »… jetzt schon müde vom Gehen …« oder »… das ägyptische hat am Eingang parische Steine, was mich wundert …« oder »… in dem größten Teile des Labyrinths muss man im Finstern laufen …« Zudem beschreibt er beim Öffnen der Türen einen »schrecklichen Donner«. Der Mann sieht nicht nur, er hört auch. Und letztlich hält er fest, einige Häuser würden »in unterirdischen Gewölben« stehen.

Etappenweise hatte ich Adel alles berichtet, was mir über das ägyptische Labyrinth bekannt war. Auch die Texte der antiken Historiker hatte ich ihm vorgelesen. Dann wollte ich wissen:

»Adel, warst Du in diesem Labyrinth?«

»D-a-s, was ich j-e-t-z-t weiß …« – er zog die Worte in die Länge –, »widerspricht dem, was ich vorher wusste. Und zwar komplett.«

»Ich verstehe Dich nicht.« Fragend blickte ich zu ihm hinüber. »Was wusstest Du denn vorher?«

»An der Uni in Wien hat man uns beigebracht, das ägyptische Labyrinth sei längstens entdeckt worden, und zwar, wenn ich mich richtig entsinne, durch den deutschen Archäologen Karl Richard Lepsius (1810–1884). Das müsste irgendwann in der Mitte des vorletzten Jahrhunderts gewesen sein. Das Labyrinth lag bei der heutigen Oase El-Fayoum. Dort steht auch die Pyramide von Amenemhet III. (ca. 1844–1797 v.Chr.). Ich war mehrmals dort draußen.«

»Und?« Die Neugierde ließ meine Stimme vibrieren: »Warst Du in den unterirdischen Räumen? Schließlich soll es 1500 davon gegeben haben?«

Adel hob die Schultern, schüttelte den Kopf: »Da s-i-n-d keine unterirdischen Räume. Einige Vertiefungen mit kleineren Mäuerchen und etlichen, kleineren Kammern, das ist alles. Nichts von labyrinthischen Gängen, geschweige denn von Reliefs oder einer verschwenderischen Kunst.«

»Adel!« Ich legte meine gekreuzten Arme auf die Tischplatte, starrte ihm geradeaus ins Gesicht. »Wenn Du nicht unter der Erde warst, dann müsste Dich die Oberwelt erschlagen haben. Erinnere dich: Herodot schrieb von ›Wänden voller Reliefs‹, von ›zwölf überdachten Höfen mit riesigen, eingehauenen Figuren‹, dann zusätzlich von einer Pyramide, ›in die riesige Figuren eingehauen sind‹. Er versicherte, die oberen Gebäude ›mit eigenen Augen gesehen zu haben‹, sie seien ein ›geradezu übermenschliches Werk‹. Fassungslos vermerkte Herodot schließlich, das Labyrinth übertreffe sogar die Pyramiden. Adel! Vergiss auch Strabon nicht, der über gigantische Decken, ›die aus einem Stein bestehen‹, berichtete. Das alles, inklusive der Marmorsäulen, kann sich ja nicht in Luft aufgelöst haben.«

Verunsichert starrte mein Gesprächspartner auf die Tischplatte, fuhr nervös mit den Händen darüber. Dann entgegnete er: »Ich kann dir nur wiederholen, was man uns an der Universität von Wien beibrachte. Übrigens vertritt die hiesige Altertumsverwaltung dieselbe Lehrmeinung: Das Labyrinth liegt bei der Pyramide von Amenemhet III.« Dann, nach einigem Zaudern: »Aber mit Deinen Zitaten der antiken Historiker hast Du mich jetzt durcheinandergebracht. Hier gibt es tatsächlich unglaubliche Diskrepanzen.«

Wir schwiegen uns an. Mir wurde klar: Ich musste persönlich zur Oase von El-Fayoum, musste diese Pyramide von Amenemhet III. mit eigenen Augen sehen. Schließlich hatte das Labyrinth an den Ufern des Moeris-Sees gelegen. Entsprach die Oase El-Fayoum den Überresten jenes künstlich angelegten Sees? Existierten dort noch Überreste von Kanälen mit mächtigen Schleusen?

»Liegt diese Pyramide von Amenemhet III. in der Wüste?«, wollte ich von Adel wissen.

»Ja. Weshalb fragst Du? Spielt das eine Rolle?«

»Wahrscheinlich schon. Ich könnte mir vorstellen, dass damals, als das Labyrinth vor Jahrtausenden existierte, die Wüste grünes Land war. Schließlich gab es Kanäle und einen See, größer als der Bodensee. Seither könnte sich das Klima total verändert haben.«

34 Jahre *nach* unseren Gesprächen über das ägyptische Labyrinth bestätigte die Wissenschaft meine Vermutung. Ein internationales Team von zehn Naturwissenschaftlern untersuchte die Klimaverhältnisse in der Sahara. Dabei arbeiteten Fachleute nachfolgender Hochschulen an dem gemeinsamen Projekt:

Laboratoire Géosciences Université Paris-Sud; Departement of Earth, Atmospheric and Planetary Sciences, Massachusetts Institute of Technology, Cambridge, MA, USA; Lamont-Doherty Earth Observatory, Columbia University, Palisades, NY, USA; Departement of Earth and Environmental Sciences, Columbia University, New York, NY, USA; Université de Lille, CNRS, Laboratoire d'Océanologie et de Géoscience, Lille, Frankreich; Departement of Environmental Studies, Macalester College, St. Paul, MN, USA; GAIA-Antarctica, Universidad de Magallanes, Punta Arenas, Chile; Université de Bordeaux, Pessac, Frankreich.

Was sollte herausgefunden werden? Was berechtigte einen derartig hohen wissenschaftlichen Aufwand?

Allgemein war bekannt, dass die Sahara irgendwann einmal grün gewesen sein musste. Über Jahrzehnte hinweg waren in der Sahara – und zwar auch im libyschen und ägyptischen Teil – immer wieder Fossilien von Huftieren aufgetaucht, also Tieren, die ohne Grünfutter niemals überlebt hätten. Auch Felsritzungen zeigten derartige Huftiere. Wie konnte aus einer grünen Landschaft eine ausgedörrte Wüste entstehen? Welche Mechanismen hatten den Klimawechsel verursacht?

Das hochkarätige Team von Naturwissenschaftlern konnte klipp und klar belegen, dass sich der Klimawechsel rund alle 20 000 Jahre wiederholte. Dazu wurden Staubschichten analysiert, die sich in den vergangenen 240 000 Jahren in der Sahara abgelagert hatten. Löcher wurden in den Boden getrieben und die unterschiedlichen Schichten untersucht. Die Klimaveränderungen konnten eindeutig nachgewiesen werden. Die Ursache dafür hat mit den Schwankungen der Erdachse zu tun. Diese beeinflussen die Verteilung des Sonnenlichtes. Um das zu verstehen, muss man wissen: Die Erde ist keine perfekte Kugel. Wegen der Erdrotation ist unser Planet an den Polen leicht abgeplattet und am Äquator dicker als von Pol zu Pol. Zudem steht die Erdachse in einem Winkel von 23,5 Grad schräg. Schräg wozu? Zur Senkrechten der Ekliptik. Was soll das sein, diese Ekliptik? Die Erde kreist auf derselben Ebene um die Sonne wie alle anderen Planeten. Die Ebene dieser Umlaufbahnen nennt man Ekliptik. Weil die Erde aber keine perfekte Kugel ist, verhält sie sich wie ein Kinderkreisel: Sie »eiert«. In der Astronomie nennt man diese Bewegung Präzession. Im Laufe von 25 800 Jahren sehen die Menschen nicht immer die gleichen Sternbilder. Heute steht die Sonne zu Frühjahrsbeginn vor dem Sternbild der Fische. In 6450 Jahren wird es das Sternbild des Schützen sein, in 12 900 Jahren das Sternbild der Jungfrau und in 19 350 Jahren dann das Sternbild der Zwillinge. Schließlich ist die Erdachsenverschiebung der Grund für unsere Jahreszeiten. Aufgrund des »Eierns« unseres Planeten drückt das Sonnenlicht nicht jedes Jahrhundert gleich stark auf die verschiedenen Erdteile. Auf die Sahara bezogen bedeutet dies: Ist die Sonneneinstrahlung erhöht, verstärkt das den Monsun in der Region. Dies führt zu einer feuchteren und damit grüneren Sahara. Reduziert sich die Sonneneinstrahlung durch die Neigung der Erdachse, wird der Monsun abgewürgt, und es entsteht ein trockenes Klima. (Unter Monsum versteht man die Luftzirkulation.)

Die eindeutigen Resultate des internationalen Teams erschienen in der Januar-Ausgabe 2019 des naturwissenschaftlichen Magazins *Science Advances.* [45] Einmal mehr hatte das selig machende Kohlendioxid nichts mit dem Klimawechsel in der Sahara zu tun. Doch der Klimawechsel *war* bewiesen. Also kann das ägyptische Labyrinth vor Jahrtausenden durchaus im Grünen gestanden haben, an der Seepromenade des Moeris-Sees. Dann wechselte das Klima. Die Wüste trocknete die Vegetation aus, der Wind transportierte Sand über die Landschaft, das Labyrinth mit seinen gigantischen Deckensteinen, mit den Marmorsäulen und großen Figuren versank unter einer Wüstenschicht, der Moeris-See trocknete aus. In diesem Zusammenhang möchte ich daran erinnern, dass die berühmte Sphinx vor der Großen Pyramide jahrhundertelang unter einer dicken Schicht von Sand verborgen war und immer wieder von Neuem ausgegraben werden musste.

Im Sommer 1988 war es so weit. Adel und ich fuhren hinaus zur Pyramide von Amenemhet III. Adel hatte einen Geländewagen mit Vierradantrieb gemietet. Das Fahrzeug war in einem verblüffend guten Zustand. Wir ratterten die von stinkenden und hupenden Vehikeln stark frequentierte Straße nach Gizeh hinaus, vorbei an den großen Pyramiden und in südwestlicher Richtung direkt in die Wüste. Die wie mit einem Lineal gezogene, schnurgerade Strecke zur Oase El-Fayoum ist asphaltiert. Vorerst hätten wir kein Geländefahrzeug benötigt. Rechts und links des 106 Kilometer langen, dunkelbraunen Bandes stießen wir immer wieder auf die Gerippe von ausgeschlachteten Fahrzeugen. Adel erklärte, früher seien die Beduinen per Kamel zur Oase geritten, heute reisten sie per Auto. Und wenn ein Vehikel ausfalle, was jeden Monat geschehe, dann würde die Blechkiste bis zur letzten Polsterung ausgeschlachtet und im Fahrzeug eines Kollegen weitertransportiert. Autos abzuschleppen lohne sich meistens nicht. Ein Gedanke an Herodot huschte durch mein Gehirn. Der hätte die Distanz von den Pyramiden in Gizeh nach Hawara nur per Kamel zurücklegen können – eine 2-Tage-Strecke. Oder per Boot, schließlich hatte er über schiffbare Kanäle geschrieben. Wo waren die Kanäle heute?

Endlich, nach einer 2-stündigen Fahrt, tauchten am Horizont glitzernde Streifen von Wasser auf. Eine Fata Morgana? Adel belehrte mich, die Oase von El-Fayoum sei zwar von der Wüste umzingelt, doch das Gebiet würde künstlich bewässert. Aus dem Autoradio erklang der Singsang eines Gebetes. Obschon am Steuer, verneigte sich Adel gegen Osten. Dann erklärte er, der oberste sunnitische Geistliche, Scheich el-Azhar, habe die Gläubigen aufgefordert, Allah um Wasser zu bitten. Der Sommer des Jahres 1988 war Teil des siebten Dürrejahres in Äthiopien. Ohne Regen kein Nilwasser, ohne Nilwasser keine verschlammten Kanäle, ohne Wasser in den Kanälen kein Ackerbau. Ich wies Adel auf den Nasser-Staudamm hin, den die ehemaligen Sowjets oberhalb Assuans gebaut hatten.

»Das Wasser des Staudamms«, Adel war bestens informiert, »ist in den vergangenen 3 Jahren um 25 Meter gesunken. Regnet es in den nächsten 2 Monaten weder im Sudan noch in Äthiopien, müssten die Turbinen des Staudammes abgestellt werden. Schlimm, denn inzwischen hängt viel an der Stromleitung. Dann vermag das Rinnsal von Nil nicht auch noch Tausende von Kanälen rechts und links des Stromes zu füttern. Die Felder trocknen aus. Eine Katastrophe für die 56 Millionen Ägypter. Du kannst ja nicht wissen«, belehrte mich Adel, »dass in unserem Land knapp 3 Millionen Hektar Felder bewässert werden. Die verschlucken rund 50 Milliarden Kubikmeter Wasser. Ohne Nil wäre das Land am A…«

Nach 90 Kilometern Fahrt sahen wir das erste Grün am Straßenrand. Händler winkten, Kinder streckten uns Blumenbouquets, zu Girlanden zusammengeknotete Zwiebeln und Knoblauch, ja sogar lebende Hühner und Truthähne entgegen. Dann erblickte ich den ersten Kanal. In der müde dahinkriechenden Brühe planschten fröhliche, splitternackte Kinder. Baumwollfelder tauchten auf, wechselten sich mit Mais, Blumenkohl und Zuckerrohr ab. Vor den Lehmhäusern saßen Frauen beim Korbflechten, andere modellierten Schüsseln, zarte Kinderhände bemalten die Produkte in poppigen Farben. Adel meinte, es seien gottesfürchtige, ehrliche und genügsame Menschen. Sie und ihre Familien würden die Felder jahrein, jahraus bestellen, fleißig von Sonnenauf- bis Sonnenuntergang. Dann die ersten Steinhäuser. Adel erklärte, das sei el-Medina, sozusagen die Hauptstadt der Oase, aber im Volksmund nenne man den Ort »the Fayoum«. Ursprünglich habe er Krokodilstadt geheißen.

»Krokodilstadt?«, unterbrach ich. »Strabon hat doch von einer Krokodilstadt geschrieben. Erinnerst Du Dich? Am Ufer des Sees habe sein Gastwirt einem Krokodil ein trockenes Brot hingeworfen …«

»Das heißt nichts«, unterbrach mich Adel und verzog die Mundwinkel zu einem schiefen Grinsen. »Im Alten Ägypten gab es verschiedene Krokodilstädte. In jedem größeren Tempel wurde der Gott Sobek in Gestalt eines Krokodils verehrt. Dieser Krokodilgott wird oft mit einer Doppelkrone, manchmal aber auch mit einem Falkenkopf abgebildet. Sobek galt auch als Gott des Wassers. Immer wenn der Nil über die Ufer trat, tummelten sich ganze Krokodilherden im seichten Wasser. Die Menschen glaubten, das Wasser sei der Schweiß der Krokodile. Als Seth seinen Bruder Osiris ermordete, ihn zerstückelte und die Körperteile ins Wasser warf, war es Sobek, der die einzelnen Glieder von Osiris wieder fand und zusammenfügte. Deshalb existierten im Alten Ägypten unzählige Krokodilstädte. Fayoum war eine davon.«

Dann, etwa 10 Kilometer südöstlich des Dorfes Hawara, erblickte ich die ersten Umrisse eines dunkelgrauen Dreiecks: die Pyramide von Amenemhet III. Sie erinnerte mich an einen abgeflachten Pudding mit einigen Dellen. [Bild 22] Wir waren die einzigen Besucher. Vor der Pyramide steckte eine schwarz umrandete Tafel im Boden: »Labyrinth« stand darauf und: »305 × 244 Meters/3000 Rooms«. Ein einsamer Wächter, den unser Motorengeräusch aus dem Schlaf gerissen hatte, gesellte sich zu uns. Adel redete auf ihn ein, zeigte seinen Ausweis als staatlicher Reiseleiter, ich schob eine 20-Pfund-Note dazu und er ließ uns gewähren. Dann stocherten Adel und ich herum, mindestens 4 Stunden lang. Wir kletterten über kleinere Mäuerchen aus ptolemäischer und römischer Zeit, mit meiner starken Stablampe leuchtete ich an mehrere Wände, kroch in Schächte und durch Kammern. Das Einzige, was überhaupt ein ehemaliger Tempel gewesen sein mochte, waren einige Brocken aus rötlichem

Bild 22

Bild 23

Assuan-Granit. Nirgendwo Überreste von »Platten aus einem Stein von außergewöhnlicher Größe«, wie Strabon überliefert hatte, keine Spur von »großen Blöcken von Syenit«, die Plinius gesehen haben wollte, ganz zu schweigen von den Überresten »eines geradezu übermenschlichen Werkes«, das Herodot bestaunt hatte. Nichts als Mäuerchen und Geröll. Keine Wände voller Reliefs, geschweige denn riesige Figuren auf einer Pyramide oder die Überreste von zwei weiteren Pyramiden, die ehedem aus einem Moeris-See herausgeschaut hatten. Es blieb unverständlich, was hier noch gigantischer als die großen Pyramiden gewesen sein sollte.

Ach ja, die Pyramide von Amenemhet III. Gemeinsam mit Adel keuchte ich Stufe für Stufe empor. Die Luft war heiß und trocken, die Zunge klebte am Gaumen, das Hemd an der Brust. Das ganze Bauwerk bestand aus schwarzen Schlammziegeln. [Bild 23] Ich suchte nach etwas Außergewöhnlichem, nach einem Granitvorsprung, der zu Herodots Zeiten die Last von »riesigen Figuren« getragen hätte. Nichts zu finden. Die Pyramide ist teilweise zerfallen; Adel erklärte, die Bewohner der Umgebung hätten die Lehmziegel für ihre Häuser herausgebrochen. Ursprünglich sei das Bauwerk mit einem Überzug aus Kalksteinen verkleidet gewesen. Kein Hauch davon ist mehr vorhanden. Regenfurchen haben sich in den Berg von Schlammziegeln gefressen, viele der etwa 50 Zentimeter langen Brocken sind abgelaugt. Vor langer, langer Zeit ist der Rohstoff für diese Pyramide zwischen Brettern gepresst und anschließend an der Luft getrocknet worden. Ich fotografierte mehrere Ziegel mit durchzogenen Strohhalmen, getrockneten Gräsern und kleinen Steinchen drin. Die Pyramide selbst ist 58 Meter hoch und oben abgeflacht. Unter uns einige Mäuerchen und Sandhügelchen, weiter hinten Hochspannungsmasten und ein dünner Kanal, der das ganze Ackerland diagonal durchschneidet. Nirgendwo die Überreste eines schiffbaren Kanals mit gigantischen Schleusen, die Herodot und andere gesehen haben wollen. Wo nur lagen die 1500 Räume *über,* wo diejenigen *unter* der Erde? Nichts da von »Wänden voller Reliefs«, die die antiken Besucher in maßloses Staunen versetzt hatten. Spontan fielen mir die farbenprächtigen Reliefs an den Tempelwänden von Sethos I. in Abydos ein. Die waren schließlich auch über 3000 Jahre alt, hatten, wie die Pyramide von Amenemhet III., auf der wir herumkletterten, genauso alle Stürme der Geschichte und der Witterungen überdauert und sich trotzdem nicht in Luft aufgelöst. Wo lagen die »parischen Steine«, über die sich Gaius Plinius Secundus wunderte? Wo die »unentwickelbar durcheinanderlaufenden Gänge«, die denselben Plinius »jetzt schon ermüdeten«? Und selbst wenn der ehemals riesige Moeris-See vollständig ausgetrocknet war, wo blieben die Überreste »von zwei Pyramiden, von denen jede 50 Klafter hoch aus dem Wasser hervorragte« und die »ebenso tief hineinreichten«, wie Herodot berichtete? Zwei Pyramiden von jeweils 180 Metern Höhe verschwinden auch nach Jahrtausenden nicht im Nirgendwo. Zudem erinnerte ich daran, dass jeder Pharao stolz auf seine Leistungen war. Jeder wollte der Nachwelt seine Größe beweisen. Wäre Amenemhet III. der Bauherr des Labyrinths (Herodot: »übersteigt sogar die Pyramiden«), dann würden unzerstörbare Inschriften seine Tat preisen, den Bauherrn loben und mit Ehren überschütten. In Hawara ist nichts davon zu finden.

Mit unserem Geländefahrzeug kurvten wir die Umgebung ab, weg von den Sträßchen und Feldwegen, hinaus in die Wüste. Wir suchten nach den Küstenlinien dieses Moeris-Sees, der laut Herodot ein »menschliches Wunderwerk mit einem Umfang von 3600 Stadien« gewesen sein soll und »in seiner Länge sogar der Meeresküste von Ägypten gleicht«. Wir fanden nichts. Weder schiffbare Kanäle, noch die Überreste von mächtigen Schleusen, die immerhin 25 Jahre vor Christus, zu Strabons Zeiten also, noch existierten. Nichts da. Hätten die Römer oder später die Christen das Labyrinth ausgeschlachtet, wüsste man es. Irgendein Autor der vergangenen 2000 Jahre hätte darüber informiert. Schließlich wurde über die Vernichtung der verschiedensten Bibliotheken auch berichtet. Zudem würden die Kunstwerke, die farbenprächtigen Reliefs aus insgesamt 3000 Räumen – in Worten: dreitausend – nicht spurlos verschwinden. Zumindest Teile dieser phänomenalen Reliefs, Gravuren und Figuren würden in Museen oder Privatsammlungen auftauchen. Nichts ist da. Ich behaupte: Das Labyrinth liegt nach wie vor unentdeckt irgendwo unter dem geschichtsträchtigen Boden Ägyptens. Durchaus möglich, dass die moderne Luftbildarchäologie die unterirdischen Räume des Labyrinths längst angepeilt hat. Doch man schweigt darüber – einerseits, weil kein Geld für die Ausgrabungen vorhanden ist, andererseits, weil die Fülle an Informationen, die aus dem Labyrinth gewonnen werden könnten, unser Wissen über die Frühgeschichte der Menschheit total durcheinanderbringt, vergleichbar den Kammern in und unter der Großen Pyramide.

Mit staubverklebten, verschwitzten Haaren und Bartstoppeln saßen Adel und ich nachts um 10 an der von Flaschen aller Marken funkelnden Bar des Hotels *Meridian,* einen knappen Kilometer von der Cheops-Pyramide entfernt. Immer und immer wieder fragte ich mich, ob Adel oder der Clan von Grabräubern möglicherweise vereinzelte Räume des Labyrinths besucht hatten, ohne zu verstehen, wo sie sich eigentlich befanden.

»Erich, Du bist mit der Literatur vertrauter als ich«, brummte Adel zwischen zwei Schlucken Bier. »Wieso bringt man uns Archäologen bei, der deutsche Herr Lepsius habe das Labyrinth entdeckt, während doch vor Ort, also in der Realität, überhaupt nichts mit dem Lehrwissen übereinstimmt?«

Damals, im Sommer 1988, wusste ich keine Antwort. Einige Wochen später vergrub ich mich in die Fachliteratur. Ich wollte herausfinden, weshalb die gesamte Fachwelt die Meinung vertrat, Richard Lepsius habe das ägyptische Labyrinth entdeckt. Was ich darüber veröffentlichte, skizziere ich hier in einer zusammengerafften Fassung. [42]

Richard Lepsius, Sohn eines Landrats aus Naumburg an der Saale, galt um 1830 als Genie. Er war ein Exzentriker, rechthaberisch und begeisterungsfähig. Er konnte die ägyptischen Hieroglyphen lesen und merkte als Erster, dass es sich dabei nicht nur um Abkürzungen, sondern auch um Laut- und Silbenzeichen handelte. Auf Basis seines fundierten Wissens verfasste er mehrere Publikationen über das Alte Ägypten. Im Auftrag seiner Majestät König Friedrich Wilhelm IV. leitete er im Jahre 1842 eine Expedition ins ferne Land am Nil. Lepsius ließ sich nicht lumpen; zum Geburtstag des Königs wurde auf der Cheops-Pyramide die preußische Flagge gehisst, und in der Königskammer erschallte die preußische Nationalhymne.

Lepsius kannte die Überlieferungen von Herodot, Strabon und anderen, und er setzte es sich in den Kopf, das Labyrinth zu finden. Nun liegt 25 Kilometer nordwestlich der Oase von El-Fayoum der Karun-See, und Lepsius war überzeugt, dabei könne es sich nur um den ehemaligen Moeris-See handeln. Diodor von Sizilien hatte überliefert, der Erbauer des Labyrinths heiße Mendes, »den einige auch Marrhos nennen«. Marrhos ist aber gleichzeitig der Thronname von Amenemhet III., und genau dieser Pharao hatte die Pyramide in Hawara errichten lassen. Zudem hieß El-Fayoum früher Krokodilstadt, und damit waren alle Zusammenhänge gegeben. Lepsius schrieb:

»Wir lagerten am 23. Mai 1843 im Faium auf den Trümmern des Labyrinths. Die Lage desselben war schon längst richtig vermutet worden; und gleich der erste Augenschein ließ uns keinen Zweifel darüber zurück.« [46]

Noch eindeutiger kam Lepsius' Voreingenommenheit in den Briefen zum Ausdruck, die er ins ferne Berlin schickte:

»Hier sind wir nun seit dem 23. Mai auf der Südseite der Pyramide des Moeris, auf den Trümmern des Labyrinths angesiedelt. Denn dass wir das volle Recht haben, uns dieser Bezeichnung zu bedienen, stand vom ersten Augenblicke an fest, sobald ich das Ganze nur flüchtig überschaut hatte. Ich hatte nicht geglaubt, dass es uns so leicht werden würde, diese Überzeugung zu gewinnen.« [47]

Lepsius war beileibe nicht der Erste, der das Labyrinth bei der Oase El-Fayoum suchte. Bereits 1714 hatte der französische Forschungsreisende Paul Lucas am Karun-See sein Zelt aufgeschlagen, weil er annahm, hier müssten die Überreste der zwei Pyramiden zu erblicken sein, deren Spitzen zu Herodots Zeiten aus den Fluten ragten. Natürlich fand er keine Spur dieser Pyramiden.

Im Januar 1801 ritt Dr. P. D. Martin, ein Ingenieur aus Bonapartes Ägypten-Armee, quer durch die Wüste zur Oase El-Fayoum. Auch er vermutete dort das Labyrinth – gefunden hat er nichts.

1828 beauftragte der französische König Karl Philipp X. (1757–1836) den Übersetzer der Hieroglyphen, Jean-François Champollion, mit der Leitung einer Ägypten-Expedition. Auch Champollion suchte ohne Ergebnis nach dem Labyrinth.

Schließlich, nur 1 Jahr vor Lepsius, erreichte eine französische Forschergruppe die Pyramide von Amenemhet III. Dort lagen zwar einige Mäuerchen und zerbrochene Säulen herum, doch von den Überresten eines gigantischen Gebäudekomplexes war nichts auszumachen.

Und jetzt Richard Lepsius. Er hatte einen guten Namen, die archäologische Welt vertraute ihm. Nach seiner Verkündigung, das Labyrinth befinde sich bei der Pyramide in Hawara, war jede weitere Suche nach dem verschollenen Wunderwerk unnötig. Dabei stimmte beim näheren Hinsehen rein gar nichts mit den Aussagen der alten Historiker überein. Lepsius ließ an fünf verschiedenen Stellen gleichzeitig Gräben ziehen. Nach wenigen Tagen hatte er einige Überreste von Granit- und Kalksteinsäulen freigelegt, die »fast wie Marmor« schimmerten. Bei Herodot waren es noch »sorgfältig gefügte, weiße Marmorsäulen« gewesen. Der begeisterte Preuße fand »Hunderte von neben- und übereinanderliegende Kammern, kleine neben größeren …, ohne Regelmäßigkeit der Ein- und Ausgänge, sodass die Beschreibung von Herodot und Strabon in dieser Beziehung vollkommen gerechtfertigt ist.«

Wirklich?

Wo sind denn die »untereinander verschlungenen, krummen Wege« (Strabon)? Wo die Decke, die bei jedem Gemach »aus einem Stein besteht«, wo die »verdeckten Gänge mit Platten aus einem Stein von außerordentlicher Größe« (Strabon)? Wo sind die »zwölf überdachten Höfe, deren Tore sich gegenüberliegen?« Wo die »riesigen, eingehauenen Figuren« in dem »geradezu übermenschlichen Werk« (Herodot)? Lepsius hatte persönlich bezeugt, »nichts von Inschriften« entdeckt zu haben. Herodot hingegen staunte noch von »Wänden voller Reliefs«. Plinius hatte vor 2000 Jahren gemeldet: »… auf neunzig Stufen steigt man in die Galerien hinab«. Neunzig Stufen? Rechnet man eine Stufe mit nur 20 Zentimetern Höhe, so müssten die Galerien etwa 18 Meter unter dem (damaligen!) Boden liegen. Keine Spur davon bei Lepsius. »Ferner stehen einige Häuser in unterirdischen Gewölben«, schrieb Plinius. Nirgendwo, bei allen Krokodilsgöttern, hat Lepsius Häuser in unterirdischen Gewölben betreten. Gräber oder Sarkophage von irgendwelchen mythischen Pharaonen sind von der königlich-preußischen Ägypten-Expedition schon gar nicht entdeckt worden.

Herodot meldete: »An die Ecke am Ende des Labyrinths stößt eine 40 Klafter große Pyramide an, in die riesige Figuren eingehauen sind.« Der Augenzeuge Strabon doppelt nach: »Am Ende … eine viereckige, auf jeder Seite etwa 4 Plethra haltende Pyramide …, schifft man bei diesem Bauwerke vorbei …«

Nach Herodot hätte die Pyramide eine Seitenlänge von 71 Metern, nach Strabon eine solche von 120 Metern. Die Pyramide von Amenemhet III. bei Hawara weist aber 106 Meter Seitenlänge auf. Keine Angabe stimmt. Herodot und Strabon sind sich einig, diese Pyramide stehe »in einer Ecke« am Ende des Labyrinths. Das passt nirgendwo auf Hawara. Die Pyramide von Amenemhet III. liegt in gar keiner Ecke, sondern in derselben Achse wie die Mäuerchen. Herodot sieht »riesige Figuren«, die in die Pyramide eingehauen sind. Das ist bei der Hawara-

Pyramide glattweg unmöglich, denn sie besteht aus Schlammziegeln. In getrocknete Schlammziegel kann man keine Figuren »einhauen«, schon gar keine »riesigen«. Dazu ist das Material viel zu weich. Jetzt soll die Hawara-Pyramide ursprünglich mit Kalksteinplatten überzogen gewesen sein. Das macht den Braten nicht fetter. Diese Kalksteinplatten hätten ihrerseits auf den Schlammziegeln verankert werden müssen. Das ist, als ob man eine 10 Meter hohe Reiterstatue aus Granit im Hirsebrei festmachen möchte. Nun schrieben die antiken Historiker von einem »geradezu übermenschlichen Werk« (Herodot) – ein »Übertreffen ist unmöglich« (Diodor) – und davon, dass das Bauwerk »aus großen Blöcken von Syenit« (Plinius) bestand. Doch die Hawara-Pyramide des Pharaos Amenemhet III. besteht aus dem lausigsten, weichsten Baumaterial – aus Schlammziegeln. Das passt wie die Faust aufs Auge. Facta loquuntur – Tatsachen sprechen für sich. Und da ist noch etwas:

Lepsius entdeckte in einer Kammer Namensschilder mit Amenemhet III. Daraus zog er den richtigen Schluss: »Der Erbauer und Inhaber der Pyramide steht also fest.« [47] 45 Jahre später fand der britische Archäologe Sir Flinders Petrie (1853–1942) im Innern der Pyramide sogar die intakten Sarkophage von Amenemhet III. und seiner Tochter. Die Grabkammer bestand aus einem gelben Quarzitblock, der in den Boden hinabgelassen war. Schließlich stießen Kanalarbeiter unweit der Pyramide auch noch auf eine 1,60 Meter hohe Kalksteinstatue des sitzenden Amenemhet III. Auf keinem dieser Funde weist auch nur die kleinste Hieroglyphe darauf hin, Amenemhet III. sei der Erbauer des Labyrinths oder seine Pyramide stehe darüber. Flinders Petrie hatte die Grabkammer von Amenemhet III. unberührt vorgefunden. Absolut undenkbar, dass der Pharao nirgendwo eine Glyphe über das Labyrinth hätte anbringen lassen.

Und weshalb war Lepsius, der doch am selben Ort fünf Gräben ins Erdreich ziehen ließ und die Hawaras-Pyramide bis in den letzten Winkel durchforschte, nicht auf die Grabkammer und die Statue von Amenemhet III. gestoßen? Weil er seine Forschungen oberflächlich betrieb. Er war voreingenommen.

Es ist schon erstaunlich, wie in der gesamten Ägypten-Literatur die Pyramide von Amenemhet III. als das Bauwerk bezeichnet wird, unter dem das Labyrinth liege. Auch die Entdeckung des Labyrinths durch Richard Lepsius wird überall erwähnt. Mir kommt das vor, als ob die Gelehrten eine Wendeltreppe hochsteigen, ohne sich je umzudrehen. Einer übernimmt den Unsinn vom anderen. Dabei weiß man heute längst, dass mehrere Mäuerchen und Kammern, die Lepsius durch seine Prozession von Arbeitern und Kindern freischaufeln ließ, in Wirklichkeit aus römischer und sogar griechischer Zeit stammen. Amenemhet III. war lediglich der Erbauer der Schlammziegelpyramide und möglicherweise einiger Bauwerke darum herum. Mit Herodots Labyrinth hat das Ganze so wenig Gemeinsamkeiten wie Beethovens Fünfte Symphonie mit der Hitparade des Pop.

Bei dieser Analyse schrieb ich bislang kein Wort über den Moeris-See, der laut Herodot ein »menschliches Wunderwerk mit einem Umfang von 3600 Stadien« gewesen sein soll. Diodor von Sizilien schreibt dasselbe und ergänzt Herodots Aussage: »Auch ließ er 10 Schoinen weiter oberhalb der Stadt einen See graben, von außerordentlicher Nützlichkeit und ganz unglaublicher Größe. Sein Umfang nämlich soll 3600 Stadien betragen haben und die Tiefe an den meisten Stellen 50 Klafter.« Auf heutige Maße umgerechnet entspricht die Stadien-Angabe 648 Kilometern.

Nach den Aussagen der Historiker gehören Labyrinth, Pyramiden und See zusammen. Wie Geologen heute feststellten, existierte bei der Hawara-Pyramide nie ein See. Dies ließ sich anhand der Ablagerungen im Erdreich feststellen. [48] Darüber hinaus besteht die Pyramide von Amenemhet III. aus Schlammziegeln. Schlamm verträgt sich überhaupt nicht mit Wasser. Das Fundament der Pyramide wäre aufgeweicht. Die unterirdischen Kammern wären vom Grundwasser überflutet gewesen. Also kann die Hawaras-Pyramide nicht am Moeris-See gestanden haben. Heute liegt 25 Kilometer nordwestlich der Stadt El-Fayoum der flache Karun-See. Der aber kann niemals mit dem Moeris-See von Herodot und anderen identisch sein. Nicht nur, weil er 40 Kilometer Luftlinie von der Hawara-Pyramide entfernt liegt, sondern auch, weil er ein natürlicher See ist und von keinen Kanälen gespeist wird. Auch Lepsius hatte die Ufer dieses Sees untersucht und nach den zwei Pyramiden geforscht, die laut Herodot aus dem Wasser des Sees herausragten. Er fand nichts und schrieb resigniert: »Ebenso wenig stimmen die Angaben, dass an seinen Ufern [= des Karun-Sees, EvD] das Labyrinth und die Hauptstadt Arsinoe [= Krokodilstadt, EvD] gelegen waren.«

Und was zwischen den Aussagen von Richard Lepsius und denjenigen der antiken Historiker unter keinen noch so großen Hut zu zaubern ist, sind die Distanzen. Diodor von Sizilien versicherte, König Moeris habe den künstlichen See »10 Schoinen weiter oberhalb der Stadt Memphis graben lassen«. Memphis ist bekannt. Es liegt 24 Kilometer südwestlich von Kairo und gilt als die älteste Stadt Ägyptens, gegründet schon in der 1. Dynastie vom mystischen Herrscher Menes (auch Meni genannt und mit Hor Aha gleichgesetzt). Wann? Irgendwann um 3000 vor Christus Dieser Menes ließ westlich des Nils den ersten Tempel des Gottes Ptah errichten. Ptah galt als Schöpfergott und Gott der Künste. Später haben Amenemhet III. (derjenige von der Hawara-Pyramide), doch auch Sethos I. sowie die

Ramses-Dynastien in Memphis phänomenale Tempel errichten lassen. Heute bestaunen die Touristen dort die bildhauerisch perfekten Statuen von Ramses. Doch dieses Memphis liegt gute 70 Kilometer Luftlinie nordöstlich von Hawara. Jetzt präzisierte aber Herodot im 4. Kapitel seines 2. Buches: »Das jetzige Land nördlich des Moeris-Sees ragte damals nicht aus ihm hervor, während man jetzt zum Moeris-See 7 Tagesreisen weit den Fluss hinauffahren muss … Die Einheimischen erzählen sich, dass der See einen unterirdischen Abfluss nach der libyschen Syrte habe, der nach Westen ins Land hineinführt, entlang den Bergen oberhalb von Memphis.« Also müsste Herodots Labyrinth (»das sogar die Pyramiden überbietet«) etwas oberhalb des Moeris-Sees liegen.

Und diese geografische Festlegung will nirgendwo zu der Pyramide von Amenemhet III. in Hawara passen.

Ich bin der Meinung, dass das ägyptische Labyrinth immer noch unentdeckt ist. Vermutlich liegt es irgendwo »entlang den Bergen oberhalb Memphis« (Herodot). Aber Memphis liegt auch in unmittelbarer Nähe zur Stufenpyramide von Sakkara.

Bevor wir uns an jenem späten Abend im Hotel *Meridian* verabschiedeten, fragte ich ihn:

»Adel, Du hast mal erwähnt, in jungen Jahren seiest Du einige Tage unter der Pyramide von Sakkara verschollen gewesen. Bitte lass mich wissen, was damals passiert ist.«

Kapitel 4

Die rätselhaften Erlebnisse des Knaben Adel H.

Drei Tage später im *Mena House Hotel* am Fuße der Pyramiden. Zum x-ten Mal redeten Adel und ich über das verschwundene Labyrinth. Außer einem Pernod, dem aus Frankreich stammenden Anisgetränk, das wir zum Apero kredenzten, tranken wir keinen Alkohol. Adel meinte, er müsse noch quer durch Kairo nach Hause fahren. Ich ließ nicht locker:

»Wie war das unter der Pyramide von Sakkara?«

Adel bat mich, das Diktiergerät abzuschalten. Immerhin gestattete er, Notizen zu machen.

»Was ich damals erlebte, ist unmöglich – deshalb rede ich nie darüber. Was würdest Du sagen, wenn Du von einem Geist, den's doch eigentlich gar nicht gibt, entjungfert worden wärest …?«

Er stützte beide Arme auf den Tisch, blickte mir auffordernd ins Gesicht, als erwarte er eine Antwort. Zuerst schwieg ich. Dann kreuzte auch ich meine Arme, setzte eine ernste Miene auf und hielt ihm mein Gesicht entgegen:

»Weil Du es bist und wir inzwischen viele Vertrautheiten austauschten, würde ich die ›unmögliche Geschichte‹ anhören und dann lange darüber nachdenken. Das Wörtchen ›unmöglich‹ existiert für mich ohnehin nicht.«

Zuerst schwieg er, dann hörte ich einige tiefe Atemzüge. Offensichtlich rang er mit seinen Gefühlen.

»Erich, ich habe gar nichts vergessen. Ich bin heute 57 Jahre alt. Damals, am 6. Juni 1944, war ich gerade mal 16. Ein Knabe, der keine politischen Zusammenhänge kannte. Immerhin hatte ich eine Privatschule besuchen können und wusste, dass Ägypten von Seiner Majestät König Faruk I. (1936–1952) regiert wurde. Vom Zweiten Weltkrieg, der im fernen Europa wütete, hörten wir in der Schule. Schließlich war England darin verstrickt, und Seine Majestät, unser König, hatte in England studiert und war den Briten sehr zugetan. Rudimentär erinnere ich mich an eine Panzerschlacht, die in der Wüste von El Alamein stattfand und bei der Abertausende von deutschen Soldaten einer britischen Übermacht gegenüberstanden. Doch uns Kinder interessierte das alles kaum. Mein Großvater war Arzt gewesen und besaß etwas Land, das mein Vater später verkaufte. Wie so viele hier hieß mein Papa Salif, und gemeinsam mit seinem Bruder Achmed betrieb er ein kleines Geschäft mit Souvenirs und Antiquitäten. Doch damals blühte in Ägypten kein Tourismus. Unsere Familie musste immer wieder nach neuen Geldquellen Ausschau halten. Du ahnst es: die Grabräuberei. Erst Jahre später, als Erwachsener, lernte ich die Zusammenhänge kennen. Da gab es Käufer, die für Museen oder reiche Familien echte Fundstücke aus Ägypten suchten und auch gut bezahlten. Manchmal mit gefälschten Zertifikaten. Dabei spielte die Größe der Antiquitäten keine entscheidende Rolle. Die Gentleman-Käufer, wie ich sie heute nenne, verschifften auch Statuen von zweieinhalb Metern problemlos nach Europa und die USA.

Anfang März 1944 hackten mein Vater und sein Bruder an einer künstlichen Wand herum, hinter der sie, frag mich nicht warum, ein altes Grab vermuteten. Mit dabei mein 28-jähriger Cousin und ich. Wir Jungen standen Schmiere. Machmud und ich trugen die landesübliche Galabia. Du kennst das Hemd, das bis zu den Fußknöcheln reicht. Üblicherweise tragen ägyptische Burschen nichts darunter, es sei denn eine Art Schambinde. Machmud und ich hingegen hatten unter der Galabia immer lange Baumwollhosen an, eine Art Vorläufer der späteren Blue Jeans. Keine Socken, aber Sandalen, die sich zuschnüren ließen …«

»Wo war denn das?«, unterbrach ich.

»In Sakkara, unweit der Stufenpyramide. Heute führt dort die geteerte Straße vorbei, auf der die Touristenbusse den Eingang zum Grabungskomplex erreichen. Machmud, mein Cousin, stand etwa 70 Meter unter der Stelle, wo mein Vater und sein Bruder buddelten, ich etwa 70 Meter weiter oberhalb. Plötzlich hörte ich meinen Papa schreien und Achmed rief und winkte uns zu sich. Ein Steinblock hatte Papas linken Arm eingeklemmt, fest wie in einem Schraubstock. Wir versuchten, das verdammte Ding wenigstens einige Zentimeter anzuheben, aber es bewegte sich nicht. Papa stöhnte und verzog sein Gesicht. Achmed befahl seinem Sohn, er solle auf den Vorplatz rennen und Hilfe holen. 10 Minuten später waren wir zu sechst. Einer der Pyramidenwächter hatte ein Stemmeisen dabei und es gelang, den rechteckigen Sandsteinblock so weit zu bewegen, dass mein Vater den Arm herausziehen konnte. Der war blau angelaufen und gebrochen.

Ich hatte dir gesagt, dass mein Großvater Arzt gewesen war, und so gab es in der Familie immer noch gute Beziehungen zu einigen Medizinern. Einer davon rückte Papas zerbrochenen Knochen zurecht und legte fachmännisch einen Gips an, ohne viele Fragen zu stellen.

Am selben Abend saßen wir alle, auch die Frauen, im großen Gemeinschaftsraum und genossen die Muluchija …«

»W-a-s bitte?!«, unterbrach ich.

»Muluchija ist unser Alltagsgemüse. Ein würziger Eintopf, in den du alles Mögliche hineintun kannst. Papa hatte etwas gegen die Schmerzen genommen. Keine Chemie, keine Tabletten, die standen damals ohnehin nicht zur Verfügung, sondern irgendein Naturprodukt. Ich erinnere mich, wie er Ruhe befahl, auf seinen Gips deutete und feierlich sagte: ›Das hat sich gelohnt.‹ Dann erklärte er, hinter der Wand, in der sein Arm gesteckt habe, liege ein unversehrtes Grab. Durch den Lichtspalt habe er Hieroglyphen gesehen und viel glänzendes Zeug. Sowie seine Wunde genesen sei, würden wir eine Öffnung zu dem Raum schlagen. Und damit begann mein unvergleichliches Abenteuer Anfang Juni 1944.«

»Mach's nicht so spannend«, erwiderte ich leise, gerade so, als befürchte ich heimliche Zuhörer. Als ich ein Glas Wein bestellte, wehrte Adel ab. Er trinke nichts, doch mir würde der Alkohol guttun, denn seine Geschichte sei unverdaulich. Schweigend zogen wir die Nikotinschwaden einiger Zigaretten in die Lungen, bis Adel sich vorbeugte und ohne Hast zu erzählen begann:

»Wir arbeiteten am Abend nach 17 Uhr. Außer uns befand sich kein Mensch auf dem Gelände. Touristen gab's ohnehin nicht und dementsprechend auch kaum Wächter. Wir hatten verschiedene Werkzeuge bei uns: Meißel, Stemmeisen, Spaten, Schäufelchen, Hämmer in verschiedenen Größen, Pickel, doch auch zwei Wagenheber. Du weißt schon: diese Gewinde, mit denen sich beim Reifenwechsel die Autos hochheben lassen. Auch einige Taschenlampen mit Reservebatterien und zusätzlich ein bisschen Verbandsstoff, und große Tücher, die sich um den ganzen Kopf wickeln ließen. Die schützten nicht nur Mund und Nase vor dem Staub, sondern auch vor Giften, die über die Atemwege in den Körper gelangten. Wir kannten die Geschichten über den ›Fluch des Pharaos‹, und es mochte sehr wohl sein, dass die Verstorbenen vor Jahrtausenden ihre Gräber mit irgendwelchen Giften schützten. Und selbstverständlich hatten wir einen Kanister mit Trinkwasser dabei. Plastikflaschen wie heute existierten nicht. Zudem stand unser Auto, damals ein Ford, hinter einem kleinen Hügel, nur wenige Meter von unserer Grabungswand entfernt. Die eigentliche Schwerarbeit verrichteten mein Papa Salif und sein Bruder Achmed. Wie jedes Mal standen wir Jungen Schmiere. Dann riefen uns die beiden zu sich. Sie hatten eine Öffnung durch den Stein geschlagen und den oberen Brocken mit einem Wagenheber abgesichert. Aber sie kamen nicht weiter. Der rechteckige Block darüber erwies sich als Granit, und der rührte sich keinen Zentimeter. Ich war das schlankste Bürschchen in der Runde, und Papa meinte, ich solle rückwärts in das Loch kriechen. Einmal drin, reichte er mir ein großes Tuch, das ich um den Kopf wickeln sollte, und die Taschenlampe. Dann kommandierte er, ich dürfe mich nur so weit vom Loch entfernen, dass sie mich von draußen jederzeit sehen könnten. Also leuchtete ich die Wände an. Zuerst erblickte ich eine geflügelte Sonnenscheibe, wie ich sie auch von den Friesen mehrerer Tempel kannte. Ihre goldenen Farben reflektierten von der Wand. Papa wollte wissen, ob ich einen Sarkophag sehen würde, aber da war keiner. Dafür zwei vergoldete Truhen mit Hieroglyphen und Darstellungen, von denen ich gar nichts verstand. Aufgeregt schrie ich meine Entdeckungen nach draußen, und Papa befahl, ich dürfe die Truhen unter gar keinen Umständen öffnen. ›Was siehst Du noch?‹, schrie er, und ich leuchtete auf ein grünes Auge des Horus, das mir damals aus der Schule und von Tempelwänden bekannt war. Mein Scheinwerfer huschte schließlich über eine Szene mit Kindern, die alle zum Firmament starrten. Sie trugen Tücher um den Unterleib, waren barfuß und von brauner Hautfarbe. Dann bemerkte ich auf der linken Seite eine Öffnung, die in einen Schacht zu führen schien. Papa verbot mir, in jene Richtung zu gehen, und befahl, ich solle wieder herauskriechen. Aber ich kam nicht bis zum Loch. Plötzlich krachte und knirschte es, als ob die Decke über mir zusammenbreche. Ich hörte Machmud und meinen Vater schreien, warf mich in eine Ecke und hielt die Arme schützend über mein Kopftuch. Dann wurde es still. Ein paar kleinere Steinchen rollten noch von der Decke. Das Tageslicht aus dem Loch, in das ich hineingekrochen war, existierte nicht mehr. Doch ganz in der Nähe davon ein Lichtspalt. Ich hörte meinen Vater, doch auch Achmed und Machmuds Stimme. So hielt ich meine Lippen an die Öffnung und schrie: ›Mir fehlt nichts!‹ Rasch antwortete Papa, fragte, ob ich verletzt sei. Ich tastete meine Körper ab. Keine Wunde, keine Schürfung, einfach nichts. Papa rief, er würde eine Batterie für die Taschenlampe durch den Spalt schieben und kleinere Flaschen mit Trinkwasser. Ich solle sparsam damit umgehen. Sie würden Hilfe holen und mich ans Tageslicht bringen. Mithilfe eines Holzstückes bugsierte er die Batterie und drei Fläschchen Wasser durch das Loch. Eine Flasche trank ich sofort und transportierte sie auf dieselbe Weise wieder hinaus. Papa schob zwei weitere Fläschchen nach – mehr waren nicht vorhanden.

›Verstehst Du mich, Adel?‹, brüllte er durch die Öffnung, und ich antwortete auf dieselbe Weise. Die Decke sei eingebrochen, erfuhr ich, und der Wagenheber zerdrückt. Es handle sich um Granit, und sie müssten schweres Gerät herbeischaffen. Das

Geheimnis des Grabes gelte nicht mehr. Jetzt gehe es nur um mein Leben. Ich sollte versuchen zu schlafen und ja nicht in den Tunnel laufen, von dem ich berichtet hätte. Es könnte morgen werden, bis sie wieder da seien. Er liebe mich, schrie er noch, und ich müsste keine Angst haben. Seltsam. Die hatte ich auch nicht.

Mit gekreuzten Beinen hockte ich mich auf den Boden. Immer wieder zielte ich mit dem Lichtstrahl meiner Taschenlampe an die Wände. Direkt mir gegenüber starrte mich das Relief einer Kobra an. Die Schlange besaß einen goldenen Körper, der beidseitig mit dunkelroten Steinen geschmückt war. Die übergroßen Augen und der Kopf bestanden aus einem grünen Material. Dann geschminkte Gestalten in dunkelbrauner Farbe, wiederum mit großen Augen. Seitlich von ihnen Hieroglyphen und Zickzacklinien. Auf einem Bett die Darstellung eines liegenden Menschen mit einem goldenen Stirnband und einem zusammengeklebten Bart. Eine Leiche oder ein Kranker? Neben ihm stand eine Gestalt mit Schakalkopf, die sich über den Liegenden beugte. Das Schakalwesen berührte den Körper. Erst Jahre später lernte ich, das Schakalmonstrum heiße Anubis und sei auch für die Mumifizierung zuständig. An der rechten Seitenwand Darstellungen mit Landarbeiten: Ochsen, die über Getreide stampften, auch Menschen, beidseitig hintereinander, mit Dreschflegeln in den Händen. Neben ihnen die Göttin Hathor – oh ja! Die kannte ich schon als Junge – mit dem Rindergehörn und der Sonnenscheibe auf dem Haarschopf. Dies und vieles mehr in leuchtenden Farben, als ob die Künstler ihre Werkzeuge erst gestern aus der Hand gelegt hätten.

Damals, in jener Grabkammer, wünschte ich zum ersten Mal, die Götter zu verstehen und die Hieroglyphen lesen zu können. Dann leuchtete ich mit der Lampe in die linke Ecke. Dort zeigte sich eine dunkle Öffnung. Mein Vater hatte mich gebeten, nicht hineinzugehen. Doch in mir bohrte die Ungewissheit. Was war dort drin? Drohte vielleicht irgendeine Gefahr aus dem Loch? Wenigstens bis zur Öffnung konnte ich wohl gehen. Schließlich siegte die Neugierde. Da war eine Treppe, breit genug für zwei nebeneinandergehende Menschen. Später, viele Jahre später hatte ich einige Gräber im Tal der Könige besucht. Hier sah es ähnlich aus. Nach circa 20 Stufen folgte flacher Boden, und über mir sah ich eine gewölbte Decke mit übergroßen, geflügelten Sonnenscheiben. Dazwischen eine dunkelblaue Decke mit gelbgoldenen Sternen und Himmelsbarken, ganz ähnlich, wie ich sie 30 Jahre später im Gewölbe des Tempels von Dendera wiederfand. Keine 2 Meter vor mir stand, völlig unpassend und wie liegen gelassen, ein Holzstuhl mit zwei Seitenarmen und einer Rückenlehne. Nirgendwo auch nur die geringste Inschrift, weder Zeichnungen noch Gravuren. Der Sessel eines Namenlosen. Mit den Händen und Ellenbogen prüfte ich seine Festigkeit.

Zögernd setzte ich mich darauf, und damit begann das erste Wunder. Sachte, als ob sie um Erlaubnis bitten müssten, begannen verschiedene Steine in den Wänden zu leuchten. Zuerst ein dunkelrotes Glühen wie von erlöschender Holzkohle. Dann wurde es orange. Ich glotzte die Wände an und wagte mich nicht zu bewegen. Aus dem Orange entstand ein kräftiges Gelb, und dabei blieb es. Es waren nicht die Wände an sich, die leuchteten, sondern nur vereinzelte Steine darin. Eine sanfte Helligkeit erfasste den gesamten Raum. Erich«, Adel bat um Verständnis, »erst Jahrzehnte später las ich das Pyramidenkapitel im uralten Buch *Hitat* meines Landsmannes Taqi al-Din Ahmad ibn Ali ibn Abd al-Qadir ibn Muhammad al-Maqrizi, in dem von leuchtenden Steinen berichtet wurde, die beim Pyramidenbau zum Einsatz gekommen seien. Derartige Steine werden auch in arabischen Märchen erwähnt. Dort heißen sie Andaran.

Sie würden von Händlern aus Asien hergebracht und wirkten im Dunkeln wie Lampen.

Ich befand mich in einem viereckigen Saal mit einer Decke voller Sterne und Himmelsbarken. Etwa in der Mitte stand eine vergoldete Truhe und darauf saß ein Falke mit gefalteten Flügeln. Ich starrte ihn an und wurde das Gefühl nicht los, der Vogel beobachte mich. Egal, in welche Richtung ich meinen Oberkörper bewegte, die Augen des Falken folgten. Mit meinem Stuhl rutschte ich etwa 2 Meter nach vorne. Der Vogel bewegte sich in meine Richtung. Dann wieder zurück, noch 3 Meter weiter. Der Falke drehte sich stets nach mir. Verdammt, das Tier lebte, und das war unmöglich. Zum ersten Male beschlich mich ein Gefühl der Unsicherheit. Leise kroch die Angst in mir hoch. Ich hatte von mumifizierten Vögeln gehört, etwa von Ibissen, die auch im Ägyptischen Museum ausgestellt waren, das wir als Schüler mehrmals besucht hatten. Doch dieser Falke war keine Mumie. Um Mut zu fassen, drehte ich mich mitsamt meinem Stuhl langsam im Kreise. An der Hinterwand, an der der Schacht in den Raum geführt hatte, klebten die farbigen Reliefs verschiedener Gottheiten mit komplizierten Kronen. Außer dem Jünglingskörper des Thot mit dem Vogelgesicht, der Mondsichel und einer Kugel über seinem Kopf kannte ich keinen. Doch! Da grüßte noch Horus mit der geflügelten Sonnenscheibe. Der war nicht nur an der Rückwand, sondern auch an der Decke allgegenwärtig. [Bilder 24+25] An einer Seitenwand waren sechs rote Figuren in Hockstellung. Jede hielt einen kerzenähnlichen Gegenstand in der linken Hand. Vor ihnen eine stehende Gestalt in weißem Umhang. Wie ein Orchesterchef schien sie die ›Kerzenträger‹ zu dirigieren. An der gegenüberliegenden Wand zwei große Menschen, einer mit brauner, der andere mit grüner Hautfarbe und einem Falkenkopf. Mitten zwischen ihnen eine noch größere Figur mit einem weißen

Bild 24

Unterrock und darüber ein weißer Umhang. Frau oder Mann? Ich wurde nicht schlau. Sie/er trug schwarze Haare, die bis an die Schultern reichten, und ein weißes Stirnband. Die beidseitig flankierenden Menschen hielten eine Art schützende Kette über die Hauptgestalt. Doch die Kette bestand aus lauter Ank-Zeichen [= sogenannte Lebenszeichen, EvD], die mir ebenfalls aus meinen Museumsbesuchen vertraut waren. Und dann an allen Wänden Hieroglyphen. In einer Ecke des Raumes stand ein diwanähnliches Gestell, wie ein Bett ohne Rückenlehne, bezogen mit einer dunkelroten Brokatdecke. Ich kannte dieses schwere Gewebe von daheim. Über unserem Diwan zu Hause lag eine braunrote, gemusterte Brokatdecke. Hier, in dem gelblich beleuchteten, unterirdischen Raum erkannte ich mehrfarbige, dicke Fäden, die durch den Brokat gewoben waren. Spontan erinnerte ich mich an die Kaaba in Mekka, das wichtigste Heiligtum des Islam. Sie ist, wie man uns beigebracht hatte und Bilder bewiesen, mit der Kiswa ummantelt. Die Kiswa besteht aus reinem Brokat.

Bild 25

Schließlich wollte ich prüfen, ob die leuchtenden Steine wieder erloschen, wenn ich mich vom Stuhl erhob. Mehrmals stand ich auf und setzte mich. Nichts geschah, nur der Falkenkopf folgte meinen Bewegungen. Mit vorsichtigen Schrittchen tappte ich auf den Diwan zu, setzte mich zögernd, fasste sogar den Mut, mich hinzulegen. Die Polsterung des Möbelstückes erinnerte mich an meine Matratze zu Hause: nicht allzu weich, etwa so, wie wenn sie mit gedörrten Hülsenfrüchten ausstaffiert wäre. Der Raum begann, mich zu faszinieren. Ich empfand staunende Freude. Vergessen waren meine Taschenlampe und die Gedanken an Papa und seine Begleiter Achmed und Machmud. Ich rollte mein Kopftuch hinter den Nacken und schloss die Augen.

Plötzlich, es mochten Minuten vergangen sein, wurde ich an der Wange berührt. Erschrocken schoss ich hoch, doch in meinem Bewusstsein hörte ich – Erich, kann man Gedanken hören? – eine beruhigende Stimme. ›Keine Angst, Adel.‹ Und wieder und wieder: ›Keine Angst, Adel. Keine Angst, Adel. Ich habe auf dich gewartet.‹ Neben mir kniete das unvorstellbar schönste Mädchen der Welt. Niemals danach in meinen ganzen 57 Jahren habe ich jemals wieder etwas derartig Vollkommenes erblickt. Sie mochte in meinem Alter sein. Um ihren Körper hing ein bläulich gefärbter, sehr durchsichtiger Schleier. Mein Gott, ich war sechzehn und hatte bislang keine nackte, weibliche Person gesehen. Nicht mal nackte Mädchenbrüste, geschweige denn all das andere. Sie war real. Kein Traum, keine Einbildung. Sie kniete neben meinem Diwan und fuhr mir durch die Haare. Mit zarten, gefühlvollen Bewegungen streichelte sie meine Augenbrauen, beugte sich zu mir und küsste meine Augen. Dann lächelte sie. Einfach vollkommen. Unbeschreiblich. Wie soll man jugendliche Schönheit beschreiben? Ihre dunklen Augen im weißen Hintergrund? Sie war ungeschminkt, das erkannte ich sofort. Ihre Augenbrauen, als ob sie ein göttliches Geschöpf sei. Ihre Nase in den perfekten Proportionen zum bezaubernden Gesicht. Weder breite noch schmale Nasenflügel. Spontan fielen mir die Jungfrauen ein, von denen meine muslimischen Schulkameraden erzählt hatten. Irgendwo im heiligen *Koran* soll stehen, der Gerechte würde nach dem Tode in den himmlischen Gefilden von bildhübschen Jungfrauen empfangen und verwöhnt. War ich tot? Im Himmel? ›Du lebst, Adel‹, antwortete die Stimme. ›Ich habe auf Dich gewartet.‹ Zaudernd wagte ich zurückzufragen: ›Wer bist Du?‹ ›Dort, wo ich herkomme, heiße ich Mahlinja‹, kam die Antwort. ›Lebst Du?‹, fragte ich mutig weiter. ›Du spürst doch meinen Körper‹, lächelte sie. Dann wickelte sie ihr längliches Tuch, das um ihren Nacken hing, um meinen Hals und bedeckte mein ganzes Gesicht mit Zärtlichkeiten …«

Adel wischte einige Schweißtropfen vom Gesicht. Wir saßen immer noch am selben Tisch im selben *Mena House Hotel*. Es war derselbe Abend, und ich hatte gerade einmal ein einziges

Glas Rotwein kredenzt. Adels Geschichte ergriff mich. Eine Erfindung? Ein Traum?

»Möchtest Du ein Glas Wein?«, bemühte ich mich. Er wollte nur Mineralwasser und fragte zurück, ob ich ihn jetzt für durchgeknallt halte.

»Ich denke nicht daran«, kam meine Antwort. »Ich will die Geschichte bis zum Ende hören. Schließlich befindest Du Dich immer noch in diesem seltsam erleuchteten Raum. Ich möchte alles erfahren bis zu dem Zeitpunkt, wo Du wieder ans Tageslicht fandest. Schließlich sitzen wir beide hier, in der Gegenwart, im Jetzt und im *Mena House*. Du hast dein Erlebnis gesund überlebt. Du bist Ägyptologe geworden und wir beide Freunde. Bitte, Adel, erzähl weiter.«

»Alles?«, fragte er und seine Stimme vibrierte. »Auch das Intimste?«

»Bitte ja. Ich habe mein Tonband nicht am Laufen und bis jetzt keine einzige Notiz gemacht.«

Adel schob eine brennende Kerze zur Seite und bat den Kellner um einen leeren Aschenbecher. Dann befahl er auf Arabisch, man möge uns nicht stören.

»Mahlinja öffnete die zwei Knöpfe an meiner Galabia. Ihre Hände liebkosten meine Brust. Sachte, als ob sie fragen müsste, zog sie mein Hemd nach oben. Ich stülpte es über den Kopf und warf es zu Boden. Erich, ich war sexuell vollkommen unerfahren. Kein Mensch hatte je meinen Penis gesehen, geschweige denn berührt. Das war ein absolutes Tabu. Und jetzt diese Mahlinja. Ihre Lippen, ihre Zunge, ihre Hände, ja sogar ihre Zähne schienen überall gleichzeitig zu sein. Ich weiß nicht mehr, wie sie meine Hosen auszog. Wir spielten das lustvolle Spiel der Liebe, wie es Menschen seit Jahrtausenden angeboren ist. Oben, unten, umschlungen mit Armen und Beinen. Dann wieder kichernd wie dumme Kinder mit Atempausen, an denen wir uns gegenseitig bewunderten, unzählige Male die Körper abtasteten, innehielten, uns anschauten, unfähig, die Wellen der Zärtlichkeiten abzubrechen. Sie machte mit mir alles, von dem ich bislang keine Ahnung gehabt hatte, und nach meinem Erguss kniete sie neben dem Divan und bedeckte meine Brust mit Liebkosungen. Schließlich küsste sie erneut meine Augen, und in meinem Gehirn hörte ich ihre Stimme: Sie müsse zurück. Wohin zurück? Ich wollte wissen, woher sie meinen Namen kenne und weshalb sie gesagt hatte, sie habe auf mich gewartet. Doch mein Verstand war unfähig, die Fragen zu formulieren. Sie erhob sich, bedächtig legte sie ihren blauen Schleier um die Schultern, trat einige Schritte vom Divan zurück und lächelte. In ihrem Gesicht die makellosesten Zähne, die Menschen überhaupt haben können, und ihre Lippen müssen die eines Engels gewesen sein, geschaffen vom Schöpfer persönlich. Im gelb ausgeleuchteten Raum wirkte ihr blauer Schleier diffus, wie eine Verzerrung. Ich sah keine Schatten. Ihre Schritte führten am Falken vorbei, und der bewegte eindeutig den Hals und blickte ihr nach. Völlig durcheinander saß ich auf meinem Divan. Dann begann ich zu weinen. Ich weiß nicht, weshalb. Schließlich griff ich hinter meinen Kopf und fühlte in meinen Händen ihren länglichen Schal, den sie um den Nacken getragen hatte. Verblüfft starrte ich das beige, seidenartige Stück Stoff an, drehte es wieder und wieder, zog es auseinander, zerdrückte es in den Fäusten, hielt es direkt an die Augen, roch daran. Der Stoff war echt. Er war da. Mahlinja hatte ihr Halstuch vergessen.«

Adel schwieg. Die Geschichte hatte uns beide aufgewühlt. Wir riefen nach dem Kellner, und ich bestellte zwei Whisky mit Wasser und Eis. Adel trank nicht.

»Was denkst Du jetzt?«, wollte er schließlich wissen.

»Mein erster Gedanke war der an einen Traum. Jugendliche, insbesondere in der Pubertät, träumen von Sex und legen dabei auch Hand an sich. Adel, das kennen wir alle …«

»Vergiss es! Der Diwan oder meine Schamhaare waren nicht feucht. Keinerlei Sperma. Und dann das Halstuch …«

»Wo ist das Ding heute?«, unterbrach ich.

»In einer Schublade meines Schlafzimmers. Ich kann's dir morgen mitbringen«, lächelte er überzeugend. »Und vergiss den Falken nicht. Der existierte lebendig und spielte auch in der Fortsetzung meines Erlebnisses eine Rolle.«

»Tja«, sinnierte ich laut und nippte am ersten Whisky, »wie ging es weiter? Wie kamst du wieder ans Tageslicht?«

Inzwischen war es Mitternacht geworden. Der Kellner im noblen *Mena House* bat uns diskret an die Bar. Sie müssten um diese Zeit das Restaurant für die Frühstücksgäste bereitmachen, meinte er. Mit den Gläsern in der Hand pendelten wir hinüber, setzten uns in eine mit schweren, dunkelroten Vorhängen behangene Ecke. Schummerlicht und zwei Kerzchen beleuchteten die Szene. Adel blieb immer noch abstinent.

»Da hockte ich also, verwirrt und mit ihrem Halstuch in den Fingern. Endlich erinnerte ich mich an Papa und die anderen draußen. Ich legte Mahlinjas Tuch um meinen Hals, schritt zum Holzstuhl hinüber und hob meine Taschenlampe vom Boden auf. Dann ging ich zur Treppe, drehte mich nochmals um und sah den Falken, wie er mit nur drei Bewegungen seiner Flügel graziös zum Stuhl flog und sich auf das oberste Brett der Rückenlehne krallte. Er blickte zu mir. Diesmal zählte ich die Treppenstufen. Es waren 22. Oben, im Grabraum, suchte ich nach dem Lichtspalt, durch den ich mich vorher mit Papa unterhalten hatte. Er war verschwunden. An einer Stelle lagen drei Fläschchen mit Wasser und eine Reservebatterie für die

Taschenlampe am Boden. Also stand ich an der richtigen Stelle. Doch der Lichtspalt in der Wand existierte nicht mehr. Ich schrie nach Salif, Achmed und Mohammed – keine Antwort. Nervös pinkelte ich auf den Boden, trank das Wasser aus einer Flache, schrie wieder und suchte mit dem Scheinwerfer erneut nach einem Spalt. Zwecklos. Erich«, Adel blickte verständnisheischend zu mir, »ich war S-e-c-h-z-e-h-n! Ein ägyptischer Bursche ohne archäologische Erfahrung und insbesondere ohne Uhr. So etwas besaßen wir nicht. Schon gar nicht im Jahre 1944! Ich wusste nicht, ob draußen Tag oder Nacht herrschte, ob Salif und die anderen mit ihren Helfern bereits zurück waren. So oder so musste sich in der Mauer wieder etwas verschoben haben, denn der Spalt existierte nicht mehr. Ich hob ein Wasserfläschchen vom Boden, steckte es in die eine, die Batterie in die andere Tasche und schritt wieder die Treppe hinunter. Der Falke hockte immer noch auf der Rückenlehne, und das gelbe Licht leuchtete wie vorher. Könnte ich Mahlinja wieder herzaubern? Ich nahm auf dem Diwan Platz, legte mich hin, schloss die Augen und hoffte auf ihr Erscheinen. Ich schrie ihren Namen – sinnlos. Nur der Falke blickte zu mir hinüber, nickte, als sei er allwissend.

Irgendwann schlief ich ein. Der Diwan, ich sagte es schon, war bequem wie meine Matratze zu Hause. Als ich wach wurde, fehlte mir jede Zeitvorstellung. Also kehrte ich wieder in den Grabraum zurück, schrie erneut nach Salif und den anderen. Es half nichts. Ich sinnierte nach anderen Wegen, um aus diesem unterirdischen Gefängnis herauszufinden. Konnte der Falke mir helfen? Der war schließlich von irgendwoher hineingeflogen. Und Nahrung brauchte er auch. Es musste eine Öffnung vorhanden sein.

Im Lichte meiner Taschenlampe trabte ich die 22 Stufen wieder hinunter. Unverändert verzauberten die leuchtenden Steine die Halle mit ihrem gelben Licht. Der Falke hockte nach wie vor auf der Rückenlehne des Stuhls. Ich kniete mich direkt vor ihn hin und fragte, ob er reden könne. Er stellte den Hals quer. ›Ich muss hier hinaus‹, sagte ich und dachte es gleichzeitig intensiv. Da reckte das schwarze Tier seinen Oberkörper und kurvte mit wenigen Flügelbewegungen an eine gegenüberliegende Wand voller Hieroglyphen. Dort flog das Tier auf und nieder. Was sollte das? Ich stellte mich vor die Schriftzeichen und fragte den Vogel, wie es weitergehe. Der drehte mehrmals seinen Hals, gerade so, als ob er mich nicht verstanden habe. ›Falke, lieber Falke‹, dachte ich tapfer, ›ich kann die Schriftzeichen nicht entziffern. Bitte, bitte hilf mir! Im Namen von Mahlinja, hilf mir!‹ Mit schnellen Flugbewegungen, beinahe vergleichbar einem Kolibri, flatterte der Vogel an der Wand hoch und runter und berührte mit seinem Schnabel einige der Hieroglyphen. Erich, unwirklicher kann man sich die Situation nicht vorstellen. Der gelbe Raum, der schwarze Falke, ich in meiner grauen Galabia mit dem beigen Tuch von Mahlinja um den Hals. Mit seinem Schnabel berührte der Falke immer wieder vereinzelte Schriftzeichen und drehte den Hals zu mir. Dann kurvte er auf die Stuhllehne zurück und streckte mir seinen Kopf entgegen. Sollte ich die Schriftzeichen berühren? Welche? In welcher Reihenfolge? ›Bitte, bitte, bitte lieber Falke! Im Namen von Mahlinja, zeig es mir nochmals!‹ Wie ein dressierter Papagei setzte sich der Vogel auf meine rechte Schulter. Ich stellte mich vor die Hieroglyphenwand, und jedes Mal, wenn das offensichtlich hochintelligente Tier ein Schriftzeichen berührte, tippte ich mit dem Finger hinterher …«

Aufgeregt unterbrach ich: »Wie viele Zeichen waren es?«

Verdattert blickte Adel auf. »Acht!«, antwortete er selbstsicher. »Und wie ich Jahre später kombinierte, waren es die Zeichen der acht wichtigsten Götter Ägyptens, angefangen von

Osiris und Isis über Horus bis hin zu Amenti, und der galt im Alten Ägypten als Bewacher des Eingangs zur Unterwelt.«

»Seltsam«, flüsterte ich. »Ich habe nie etwas von einem Gott Amenti gehört.«

»Ich als Junge auch nicht«,« spöttelte Adel. »Mein Wissen erlernte ich erst als Erwachsener. Jedenfalls hatte ich die achte Hieroglyphe kaum berührt, da spürte ich einen sanften Luftzug. Vorher, und das war mir bislang nie aufgefallen, hatte in der Halle absolute Windstille geherrscht. Ich schritt zum Holzstuhl zurück, der Falke brav auf meiner rechten Schulter, und griff zur Taschenlampe. Die gelb erleuchteten Wände waren unverändert – doch von irgendwoher kam frische Luft. Mit Speichel befeuchtete ich meine Finger, spreizte sie, suchte nach dem Ursprung des Luftzuges. Endlich entdeckte ich ein Loch direkt unter meinem ›Diwan der Leidenschaft‹. Ob diese Öffnung schon vor meinem Liebesabenteuer mit Mahlinja existiert hatte, weiß ich nicht, denn der Brokatüberzug vom Diwan reichte bis an den Boden. Doch der Luftzug war neu. Irgendwo musste sich etwas geöffnet haben. Mühsam schob ich das Möbelstück mitsamt der Brokatdecke zur Seite und leuchtete mit der Lampe in einen Stollen. Dann kletterte ich hinab. Der Falke flog von meiner Schulter und postierte sich wieder auf der Rückenlehne des Stuhles.

Schon nach wenigen Schritten stieß ich auf Nebenstollen. Zwei endeten blind – jedenfalls kam ich nicht weiter. Ein dritter führte leicht schräg hinunter, war aber durch herabgebrochene Deckensteine blockiert. Dorther wehte der Luftzug. Ich leuchtete in einen vierten Schacht. Er schien schnurgerade leicht nach unten zu verlaufen. Jedenfalls fand der Leuchtkegel meiner Lampe kein Ende …«

Adel gönnte sich eine Pause, ging zur Toilette. Wir blieben die einzigen Gäste in der Bar. Dem Kellner sagten wir, wegen uns müsse er nicht warten, doch er ließ uns nicht allein. Also bestellten wir eine Kanne mit starkem Schwarztee. Es sollte eine lange Nacht werden.

»Wenn Du heute zurückdenkst, wo, an welcher Stelle unter Sakkara hast Du Dich etwa befunden?«, erkundigte ich mich.

Adel zeichnete eine Skizze auf die Papierserviette. »Die Grabwand, die Salif und Achmed geöffnet hatten und durch die ich hineingekrochen bin, lag nur 400 Meter Luftlinie von der Stufenpyramide entfernt. Von den Himmelsrichtungen hatte ich in der unterirdischen Halle keine Ahnung, wusste nicht, ob ich mich links oder rechts von der Stufenpyramide befand. Doch auf der einen Seite, dem Nil zu, lag eine Senke. Deshalb müsste ich mich eher auf der anderen Seite, also unter der Pyramide, befunden haben.«

Ich unterbrach ihn. Dann erklärte ich Adel, dass es im Trümmerfeld um die Stufenpyramide von Sakkara nur so von unterirdischen Stollen wimmle. Das sei heute erwiesen. Adel kannte einige davon. Schließlich war er Ägyptologe und führte seine staunenden Touristen in ebensolche Gruften. Doch damals, im Jahre 1944, als Adel ein 16-jähriger Knabe gewesen war, kannte niemand die geheimnisvolle Welt unter Sakkara. Die Geschichte der Entdeckungen dieser Unterwelt ist auch heute nicht abgeschlossen. Bereits im Jahre 1728 berichtete der französische Forschungsreisende Paul Lucas (1664–1737) über Gänge unter Sakkara. Dann, im November des Jahres 1851, entdeckte Auguste Mariette (1821–1881) das phänomenale Serapeum, Tunnels unter dem Wüstensand, breit genug, um mit einem Traktor hineinfahren zu können, rechts und links der Hauptgänge Nischen mit den größten Sarkophagen, die die Welt je erblickte. [Bilder 26+27] Mariette hatte gehofft, in den Sarkophagen die Mumien von heiligen Apis-Stieren zu finden. Doch in den gewaltigen Granitbehältern des Serapeums lagen

Bild 26

Bild 27

entweder zerhackte Knochen unterschiedlicher Tiere oder sie waren leer.

Dann kam der britische Archäologe Walter Bryan Emery (1903–1971). Ab dem Jahre 1964 öffnete er Grab um Grab unter dem Boden von Sakkara, darunter Mastabas aus der dritten Dynastie – rund 5000 Jahre alt. Schließlich entdeckte er – in der Grabungssaison 1968/69 – eine »Arche der Tiere«. In dieser befanden sich unter anderem 4 Millionen mumifizierte Ibisse, 500 000 Falken, ebenso viele Paviane und 200 000 Krokodile – die Eier der Tiere noch separat mumifiziert. Und all dies in kilometerlangen Tunnels und Hallen unter Sakkara. Emery stieß auf gekrümmte Hauptgänge, von denen über siebzig Nebenschächte abzweigten, die sich wiederum in weitere Gänge abspalteten, oft doppelstöckig, oft parallel nebeneinander.

Auch heute führen die Reiseleiter ihre Touristen in unverstandene Gruften, die unter dem Wüstensand von Sakkara liegen.

Bild 28

Beispielsweise in den »Perserschacht«, eine tief in den Fels hineingemeißelte Anlage, über deren ursprünglichen Sinn gerätselt wird. Jeder Tourist, der unbefangen auf dem Ruinengelände von Sakkara herumstrolcht, steht früher oder später vor senkrecht in den Boden getriebenen Schächten. Staunend starrt man in die Tiefe. Vor dem Auge des Betrachters liegen da aus dem Fels gemeißelte Quadrate mit Seitenlängen von 8 Metern. Die Besucher müssen sich gefährlich nach vorne beugen, um die Tiefe der Schächte auszumachen. [Bild 28] Und keiner – auch die Fachleute nicht – hat eine vernünftige Erklärung für die Rätsel im Boden unter Sakkara. Wir wissen nicht, *wann wer* das Ganze schuf und *weshalb*. [Bilder 29–36]

Daher überraschte mich Adels Bericht nicht. Sakkara ist nicht das verschollene Labyrinth. Aber Sakkaras Unterwelt ist labyrinthisch.

»Denke zurück, Adel«, bat ich ihn. »Du hast also eine Art Tunnel vor dir, und der Kegel Deiner Lampe verlief im Nirgendwo. Bist du hineingekrochen?«

»Anfänglich nicht.« Er hob die Schultern. »Mir fielen Salif, Achmed und Machmud wieder ein. Die mussten doch irgendwo

Bild 29

draußen versuchen, zu mir vorzudringen. Also verließ ich die gelb erleuchtete Halle zum dritten Mal, stapfte die 22 Stufen nach oben und stand wieder vor der Wand, durch die ich ursprünglich hineingekrochen war. Am Boden lagen immer noch zwei volle Wasserfläschchen. Ich trank eines aus, horchte nach Geräuschen von draußen. Wo waren die Bagger, die die Granitblöcke zur Seite schoben, wo die Männer, die nach mir suchten? Erich, erst nach meiner Befreiung berichtete mir mein Vater, was geschehen war. Die Chefarchäologen hatten den Einsatz von schweren Geräten komplett untersagt. Die Gefahr, irgendwelche Altertümer könnten zerstört werden, war ihnen wichtiger als das Leben eines 16-jährigen Burschen. Zudem sollte die Weltöffentlichkeit nichts von den Gräberfunden erfahren – zumindest so lange nicht, bis sie archäologisch ausgewertet waren.

Bild 30

Bild 33

Bild 34

Selbstverständlich suchten Salif, Achmed, Machmud und noch ein paar andere weiter nach mir. An mehreren Stellen gelang es ihnen, Löcher zu bohren. Sie schrien meinen Namen – erhielten aber keine Antwort. Trotz des Verbotes der Verwaltung, schweres Gerät einzusetzen, plante Papas Gruppe eine nächtliche Sprengung. Sie wollten mich rausholen und rasch verschwinden, bevor die Polizei anrückte. Bei einer Verhaftung wegen der Zerstörung von Antiquitäten hätte ihnen eine mehrjährige Gefängnisstrafe gedroht.

Mir ist unbegreiflich, vor welchen Entdeckungen die Chefs der Verwaltung Angst hatten – aber mein Leben galt ihnen einen Dreck verglichen mit ihren Altertümern.«

Adel atmete tief durch. Er hatte die Fäuste geballt und sich in Rage geredet.

»Das ist doch alles ungeheuerlich«, schimpfte er. »Die hätten mich verhungern und verdursten, ja, langsam verrecken lassen. Hauptsache, die Öffentlichkeit erfuhr nichts von den einzig-

Bild 36

artigen Grabanlagen unter Sakkara. Und überhaupt« – Adel regte sich immer mehr auf –, »weshalb, zum Teufel, stellt weder ein Journalist noch ein Archäologe Fragen nach den Millionen von Mumien? M-i-l-l-i-o-n-e-n, Erich! 4 Millionen mumifizierter Ibisse! Ist das nichts? Dazu eine halbe Million mumifizierter Falken, noch mal so viele Paviane und 200 000 Krokodile! Nebst Zehntausenden von Hunden, Fischen, Katzen, Schlangen, Hasen, Gänsen – ja sogar Skorpionen. Und das ganze Viehzeug einbalsamiert, mit Linnen umwickelt, in Kanopen [= Tongefäße, EvD] oder Holzschreine gesteckt, und die Kanopen wiederum in Löcher, die erst in die Wände geschlagen werden mussten. Erich, wieso interessiert das niemanden? Es ist doch, weiß Gott, nicht normal, unter dem Wüstensand von Sakkara Millionen« – Adel hob den Finger –, »nicht Hunderttausende!, von einbalsamierten Tieren zu finden, oder? Welche Fabrik produzierte die Leinenstoffe? Woher kam das Öl? Wie viele Tausend Hände modellierten, brannten die Tongefäße? Und wozu dieser Irrsinn?«

Ich ahnte es. Mehrfach hatte ich darüber geschrieben. Also bemühte ich mich, Adel wieder aus seiner Erregung zu holen. Ruhig, ohne besserwisserisch zu klingen, klärte ich ihn auf:

»Adel, aus den Pyramidentexten, aus mehreren Grabinschriften, doch auch aus Papyri und Büchern antiker Schriftsteller sind uns die Glaubensvorstellungen der Alten Ägypter bekannt. Als der Gott Chnum, der mit dem Widderkopf, die ersten Menschen formte, schuf er sie in zwei Teilen: Fleisch und Ka. Das Fleisch ist vergänglich – das Ka unsterblich. Dieses Ka betrachteten die Alten Ägypter als einen Bestandteil des großen, universellen Geistes, der Schwingungen, die alles beleben. Der Körper ist nur eine vergängliche Hülle, die ohne Ka keinen Lebensodem hätte. Im Gegensatz dazu ist das Ka spirituell, allgegenwärtig und ewig. Neben dem Ka besitzt jede Lebensform noch ein Ba. Damit bezeichneten die Alten Ägypter den Zustand, der erst aus der Vereinigung von Körper (= Fleisch) und Ka entsteht. Wir würden dieses Ba als das Bewusstsein einstufen, als Psyche oder Informationsgehalt, der erst während eines Lebens entsteht. Stirbt der Körper, so vereinigt sich das Ka mit dem Ba. Seltsamerweise entwickelte sich im Alten Ägypten mehr und mehr die eigenartige Vorstellung, das Ka sei auch nach dem Tode noch mit dem Körper verbunden und es brauche diesen, um zurückzukehren. Wir wissen nicht, was die Ägypter und andere Völker, die ebenfalls Mumifizierungen betrieben, auf diesen seltsamen Gedanken brachte. Letztlich widersprach er ihrem eigenen Glauben. Nach ihren Vorstellungen war der Körper nach dem Entweichen von Ka und Ba ohnehin nur wertloser Ballast. Die Idee, auch der Körper müsse erhalten bleiben, führte zwangsläufig zur Einbalsamierung, und das gleich weltweit. Die antiken Kulturen wussten Bescheid über die kommenden Zerstörungen der Welt, sei es durch Wasser oder Feuer vom Himmel (= Meteoriten). Um die Erde nach der

Katastrophe wieder mit Leben zu erfüllen, mumifizierte man alle Lebensformen. Und dies gleich millionenfach.«

Inzwischen war es 3 Uhr nachts geworden. Weder Adel noch ich dachten ans Schlafen. Der Tee hielt uns quicklebendig. Apathisch döste der Kellner hinter der Bar. Wir schwiegen eine Weile. Jeder sinnierte vor sich hin. Ich wollte wissen, wie Adel wieder aus der Unterwelt gefunden hatte. Doch ihn beschäftigten andere Gedanken:

»Da ist doch etwas oberfaul«, flüsterte er bedächtig. »Die Alten wussten also von einer kommenden Flut, richtig? Wieso gingen sie dann mit ihrem Mumienzirkus unter die Erde? Sie konnten sich doch an den Fingern abzählen, dass das Wasser einer Sintflut sämtliche unterirdischen Anlagen überschwemmen, ihre Mumien ersäufen würde! Erich, unsere Gedanken ergeben keinen Sinn. Da fehlt etwas Entscheidendes, das wir nicht berücksichtigen. Und dann dieser Falke! Der war definitiv lebendig. Kann aus Hunderttausenden von mumifizierten Falken einer lebendig werden? Haben Mumien ein Bewusstsein? Fühlten sie meine Anwesenheit? Konnte aus dem Geist der Hunderttausenden einer materialisieren? Erich, hast Du auch darauf eine Antwort …?«

Ich hatte keine. Und Adel ließ nicht locker:

»Woher kam Mahlinja? Niemand kann mir einreden, sie sei ein Geist gewesen oder ich hätte mich eines Sextraumes erfreut. Schließlich besitze ich Mahlinjas Halstuch heute noch. Woher kannte sie meinen Namen? Weshalb sagte sie, sie habe auf mich gewartet? Wie lange? Ab welchem Zeitpunkt? Kannst du mir sagen, in welche Dimension mein Sperma entschwunden ist? Bin ich irgendwo in diesem irren Universum Vater von Kindern? In welcher Zeit? Welchem Raum? Wurde ich durch den Sex mit Mahlinja zum Ur-Ur-Ur-Ur-Vater irgendeines Stammes? Und wenn ja, weshalb sagen mir die Narren aus jener anderen Dimension das nicht …? Betreibt die Gesamtheit von 500 000 Falkenmumien eine Art von Realo-Spiel zwischen Materie und Geist …?«

Ich wusste es genauso wenig wie Adel. Irgendwo hatte ich mal gelesen, in der Quantenphysik würden Zustände existieren, in denen Ursache und Wirkung umgekehrt seien. Eine Wirkung *vor* der Ursache? Für mich ein Ding der Unmöglichkeit. Zuerst hatte eine Ursache zu sein, die anschließend eine Wirkung erzeugte. Dann gab es noch die Theorien von der Gleichzeitigkeit des Universums. Alles spielt sich »jetzt« ab. Es existiert weder Vergangenheit noch Zukunft. Oder die Idee, wir Menschen seien nur die Figuren in einer Art von Computersimulation, die irgendwer irgendwo spielt. Total unwirklich, nicht greifbar, unvereinbar mit unserem gesunden Menschenverstand.

Bild 37

»Und da ist noch etwas«, drängte Adel ungeduldig: »Letztlich geht es nicht nur um die Millionen von mumifizierten Tieren – es geht auch um die Tunnel selbst. Mit welchen Mitteln sollen die Alten Ägypter 50 oder mehr Kilometer Stollen aus dem Fels geschlagen haben? Eisen und Kupferwerkzeuge reichen nie und nimmer, Steinmeißel erst recht nicht, und Sprengstoffe existierten damals nicht. Aus der Zeit der klassischen Pharaonen gibt es keine Belege für einen Tunnelbau in diesen gigantischen Ausmaßen. Planer, Baumeister und das gemeine Volk schufteten an der Oberfläche. Grandiose Tempel entstanden, Prachtstraßen mit Hunderten von Sphingen rechts und links [Bild 37], gewaltige Vorhöfe mit Säulen. Erich, wir wissen mehr oder weniger, welcher Pharao welches Bauwerk in Auftrag gab. Natürlich ließen die Pharaonen Grabkammern aus dem Fels brechen,

doch von einem gewaltigen Tunnelsystem ist nirgendwo die Rede. Und dann« – Adels Zunge hörte nicht auf zu drängen –, »weshalb errichteten sie gleichzeitig ihre Tempel an der Oberfläche, wenn ihnen doch bekannt war, dass die Erde vor die Hunde gehen würde? Wenn Generationen von Menschen von einer kommenden Flut überzeugt waren? Einer Flut, die alle ihre unvergleichlichen Bauwerke vernichten würde? Du sagtest, die Welt der Mumien sei entstanden, damit der Planet nach der Zerstörung wieder mit Leben erfüllt werde. Das widerspricht den Prachtbauten an der Oberfläche. Beides miteinander und noch mehr oder weniger zur selben Zeit geht nicht. Diese unterirdische Welt muss Jahrzehntausende älter sein als jene an der Oberfläche …«

Auffordernd blickte Adel zu mir.

»Wie kommst Du auf ›50 oder mehr Kilometer‹ Tunnel unter der Erde?«, erkundigte ich mich.

»Ich bin allein schon rund 5 Kilometer hindurchgewandert. Und zwar definitiv nicht in denselben Gewölben, die über 20 Jahre nach mir von Walter Bryan Emery entdeckt wurden. Du weißt schon: die mit den Millionen von Mumien. Ach, darüber habe ich noch gar nicht geredet: Da war jener Stollen unter dem Diwan in der gelb erleuchteten Halle. Ich sagte Dir schon: Zwei Nebenschächte endeten blind, einer war durch herabgestürzte Steine blockiert, und der vierte war *der* Tunnel, in dem sich das Licht meiner Taschenlampe verlor. Ich stand vor der Wahl, zum vierten Male in den Grabraum, durch den ich hineingekommen war, zurückzukehren, oder nach einem anderen Ausgang zu suchen. Vergiss den Falken nicht! Wegen ihm hatte ich schließlich die Hieroglyphen angetippt, und erst anschließend hatte sich der Luftzug bemerkbar gemacht. Ich vertraute dem Falken und schritt mutig in den Schacht hinein. Der Stollen wollte nicht enden. Eine Uhr besaß ich nicht, aber ich schätzte, dass ich eine gute halbe Stunde marschierte, bis das Licht meiner Lampe den Geist aufgab. Zudem meldeten sich Hunger und Durst. Ich trank das letzte Fläschchen Wasser und ersetzte die Batterie. Dann begann ich mich zu fragen, wie es weitergehen solle, wenn auch diese letzte Batterie aufgebraucht war. Langsam drehte ich wieder um, gelangte zurück in den bekannten, immer noch gelb erleuchteten Raum. Und – unfassbar! – kaum war ich aus dem Loch unter dem Diwan gekrochen, setzte sich der Falke auf meine rechte Schulter. Als ob er mich erwartet hätte. Wieder hockte ich auf dem Diwan. ›Falke‹, dachte ich, ›wie komme ich zum Licht?‹ Das Tier flog einen Meter in die Höhe, ließ sich fallen und landete mit beiden Klauen gleichzeitig auf dem Boden. Dies geschah viermal nacheinander. Was sollte das? ›Falke, lieber Falke‹, dachte ich intensiv und sprach es laut aus, ›ich habe es nicht verstanden‹. Das schwarze Wundertier stellte seinen Hals schräg, dann spreizte es seine Flügel, hüpfte etwa 2 Zentimeter vom Boden hoch, um augenblicklich wieder mit beiden Krallen gleichzeitig aufzusetzen. Ich begann den Vogel zu imitieren, vollführte mit meinen Armen und Ellbogen Flügelbewegungen, hüpfte vom Boden hoch und stampfte mit beiden Füßen wieder auf. Und dann erfassten meine Augen etwas, das aussah wie ein winziges, rotes Pünktchen 10 Meter vor mir im Boden. Was war das? Ich ging an die Stelle, bückte mich. Da glühte ein Steinchen, das ich sogar herausbrechen konnte. Es war nicht größer als mein Daumennagel, und nicht gelb wie die Steine in den Wänden, sondern in einem dunklen Rubinrot. Meine Bewunderung vor dem Falken stieg ins Unermessliche. Gerade so, wie ich es auf Bildern von arabischen Falknern – so nennt man die Männer, die mithilfe von Falken Jagd auf Kleintiere wie Kaninchen betreiben – kannte, bot ich ›meinem‹ Falken den Unterarm an. Er setzte sich sofort darauf, als ob wir ein eingespieltes Team wären. Aus nächster

Nähe blickte ich ihm direkt in die Augen: ›Falke – wer bist Du‹? Als Antwort nickte das Tier. ›Wer bist Du?‹, wiederholte ich meine Frage. Dumm, wie ich war, forderte ich ihn auf, mir seinen Namen zu nennen. Das Tier vollführte einige Halsbewegungen, die mich an den Buchstaben »S« erinnerten. Spontan fiel mir Sisi ein. ›Ich nenne dich Sisi‹, flüsterte ich dem Falken zu. Dann dachte ich: ›Danke, danke für deine Hilfe‹ und erhob mich. Sisi flatterte zur Stuhllehne.

So kroch ich wieder ins Loch unter dem Diwan. Tunnel führen immer von einem bestimmten Punkt nach irgendwohin, sagte ich mir und marschierte tapfer ins Ungewisse. Alle paar Meter trampelte und hüpfte ich auf den Steinboden, brachte ihn so zur Vibration. Und voraus, manchmal in 200 Metern Entfernung, begann ein dunkelrotes Lichtlein zu glimmen, etwa so klein wie ein Leuchtkäfer, aber hell genug, um den Verlauf des Tunnels zu erkennen. Frag mich nicht, wie lange ich marschierte. Jahre später, in der ägyptischen Armee, hatte man uns beigebracht, mit normalen Schritten laufe ein Mann rund 4 Kilometer pro Stunde. Ich schätze, insgesamt mehr als 1 Stunde unterwegs gewesen zu sein. Die Stollenwände fühlten sich übrigens glatt an, wie gefräst, aber ohne irgendwelche Beschriftungen …«

Ich unterbrach Adels Redefluss. Inzwischen war es 4 Uhr morgens geworden. Besorgt erkundigte ich mich, ob er nicht müde sei. Ich würde im *Mena House Hotel* nach einem freien Zimmer für ihn fragen. Adel wehrte ab. Diese Geschichte wolle er jetzt zu Ende bringen. Ich sei der Einzige, der alle Details erfahre. Er wolle etwas Luft schnappen, meinte er, und würde gleich wiederkommen. Da griff ich zum Diktiergerät und sprach die wichtigsten Passagen aufs Band. Eine halbe Stunde später tauchte Adel wieder auf. Er habe mit seiner Frau telefoniert, betonte er, damit sie sich keine Sorgen wegen seiner Abwesenheit mache. Ob ich ›auf der Schnauze‹ sei, wollte er wissen. Ich fühlte mich wohl. Im Restaurant neben der Bar begann das Klimpern von Geschirr. Das Stimmengewirr der ersten Frühstücksgruppen, der Frühaufsteher, die zum Flughafen mussten, erfüllte den Raum. Unser schlapper Kellner wurde endlich abgelöst, nicht ohne vorher großzügig von uns entlohnt zu werden. Ich wies auf mein Tonbändchen. Adel hatte nichts einzuwenden.

»Und wie kamst Du ans Tageslicht?«

»Nicht so schnell!«, wehrte er ab. »Dort unten spukte es genauso wie in der bisherigen Halle.«

»Hast du Sisi, Deinen Falken, mitgenommen?«, wollte ich wissen.

»Das ging nicht. Der Schacht war zu eng, um auf meinen Schultern auch noch einen mehrere Kilo schweren Vogel zu tragen. Und die können im Dunkeln nicht fliegen. Sisi blieb in der Halle. Aber …«, Adel lachte und klatschte in die Hände, »ich bin ihm wiederbegegnet.«

»… W-i-e …?«

»Das kommt später«, wehrte er ab. »Hör jetzt der Reihe nach zu: Nach circa 1 Stunde leuchteten, wie außerhalb der Reihe, zwei dunkelrote Punkte nebeneinander im Stollen. In der Wand links davon entdeckte ich einen Brunnenschacht. Dank der Taschenlampe fand ich einige Stufen. Die Flüssigkeit mundete kühl und frisch – offensichtlich Grundwasser, doch davon hatte ich als Knabe keine Ahnung. Mir dämmerte, dass auch die Erbauer des Tunnels nicht ohne Wasser ausgekommen waren. Nach der Erquickung füllte ich mein eigenes, leeres Fläschchen. Dann marschierte ich eine halbe Stunde weiter. Oh ja, ich hatte seit scheinbar ewig langer Zeit nichts gegessen. Der Hunger begann zu nagen, doch damit konnte ich leben. Irgendwo hörte die Parade der dunkelroten Lichtchen auf. Ich stampfte, hüpfte auf den Boden, schrie so laut ich konnte, um eine Vibration zu erzeugen. Ohne Resultat. Der Kegel meiner Lampe leuchtete an Wände voller Hieroglyphen. Ich musste mich in einem größeren Raum befinden. Mein Scheinwerfer beleuchtete einen Thron, nicht ebenerdig stehend, sondern auf einer Art Podium. Sieben Stufen führten hinauf. Du erinnerst Dich: Im Herbst 1922 war das Grab von Tutenchamun entdeckt worden. Die damaligen Pressebilder waren alle schwarz-weiß. Auch uns ägyptischen Kindern waren diese Bilder vertraut. Jetzt erfasste mich ein ehrfürchtiges Gefühl, denn der Thron vor mir reflektierte in prallem Gold. Niemand saß darauf. Mein kleiner Scheinwerfer vermochte immer nur einzelne Szenen des Raumes zu erfassen. Weshalb wurde es hier nicht hell? Wo blieben die leuchtenden Steine? Mit den Fäusten hämmerte ich an eine Wand. Farbige Schriftzeichen lösten sich, zersplitterten am Boden. Rechts und links neben der ersten Stufe zum Thron waren die Körper von zwei Löwen mit grimmig aufgerissenem Maul zu sehen, und in der Decke, direkt über dem Thron, eine Art matt glänzende Halbkugel. Ehrfurcht und Angst packten mich. Offensichtlich stand ich in einer viereckigen Halle mit Seitenlängen von rund 20 Metern. Wie üblich waren die Wände voller Hieroglyphen, dazu Götterstatuen in allen Variationen – ich kannte gerade vier davon.«

Adel hielt ein. bat einen Kellner um gekühlten Orangensaft sowie Toastbrote mit Honig und Butter. Ich schloss mich an.

»Wie schon vorher zeigte die Decke einen dunkelblauen Sternenhimmel mit vereinzelten Barken. [Bild 38] Dazu Horus und seine geflügelten Sonnenscheiben. Und direkt über dem Thron einen riesigen Adler mit ausgebreiteten Schwingen. Respektvoll näherte ich mich der untersten Stufe, setzte meinen Fuß darauf. Da traf mich ein schwacher, elektrischer Schlag. Gerade stark genug, um stehenzubleiben. Noch Jahre später, als Erwach-

Bild 38

sener, plagte mich die Frage: Woher kam der Strom? Woher die Energie? Über meiner Galabia trug ich immer noch das Schutztuch – du weißt schon, jenes gegen mögliche Gifte – und Mahlinjas beiges Halstuch. Ich rollte die robuste Baumwolle zusammen, warf sie auf die Stufen und beleuchtete die Szenerie. Im Schein meiner Lampe bemerkte ich gerade noch, wie sich eine der Götzengestalten blitzschnell bewegte. Dann flog mein Lumpen durch die Luft und landete seitwärts des Throngestells. Der Himmel mag wissen, welche Geister dort wirkten, doch ich begriff, dass das Betreten der Stufen Lebensgefahr bedeutete, und ließ es künftig bleiben.«

Hier unterbrach ich Adel:

»Sagen Dir die Worte ›Targum Scheni‹ etwas?«

»Was soll das sein?« Verständnislos schüttelte Adel den Kopf. »Hat das etwas mit meinem Thron in dieser Halle zu tun?«

»Oh ja! Sonst hätte ich Dich nicht unterbrochen. Das Wort ›Targum‹ ist hebräisch und bedeutet etwa ›Erklärung‹. Jetzt gehört zu den alten, jüdischen Schriften auch ein sogenanntes

Buch Ester und dazu wiederum ein Targum – also eine Erklärung. Übrigens bedeutet das Wörtchen ›Ester‹ im Persischen ›Stern‹. Im *Targum Scheni,* das zum *Buch Ester* gehört, wird über den Thron von König Salomon berichtet, und der war genauso gefährlich wie die Maschinerie, vor der Du gestanden hast. Interessiert?«

»Und ob!«, lachte Adel lauthals. »Was konnte Salomons Thron?«

»In diesem *Targum Scheni,* dessen Ursprung Jahrtausende in die Vergangenheit reicht, ist nachzulesen, Salomons Thron sei ein von Geistern geschaffenes Wunderwerk gewesen. [49] Einzigartig und nur für ihn persönlich angefertigt. Neben dem Thron standen sich goldene Löwen und goldene Adler gegenüber, und zwar so, dass der rechte Fuß eines Adlers dem linken Fuß eines Löwen gegenüberlag. Insgesamt sollen es 72 Löwen und 72 Adler gewesen sein …«

»… Damit«, unterbrach Adel hastig, »muss die Halle x-mal größer gewesen sein als der Thronraum, in dem ich mich befand. Da hätten keine 72 Löwen hineingepasst.«

»Hör weiter, du Staunender! Im oberen Teil der Rückenlehne des Thrones befand sich eine runde Kuppel aus matt schimmerndem Material. Das erinnert mich an die Halbkugel, über die Du berichtet hast und die offenbar die Funktion einer Art von ›Lichtschalter‹ ausübte. Um zum Thron zu gelangen, musste der Besucher sechs metallene Stufen betreten. Auf der ersten Stufe wachten ein Stier und ihm gegenüber ein Löwe, auf der zweiten ein Bär und ihm gegenüber ein Lamm, auf der dritten nochmals ein Bär und ihm gegenüber eine Anka – das ist eine Katzenart. Auf der vierten Stufe ein Adler und ihm gegenüber ein Pfau, auf der fünften eine Katze und ihr gegenüber ein Hahn, und schließlich auf der sechsten Stufe ein Habicht und diesem gegenüber eine Taube. An der Decke bewegten sich 21 Flügel, die dem König Salomon Luft und Schatten spendeten …«

»Klingt nicht gerade lebensgefährlich«, motzte Adel.

»Wird es aber noch! Von welcher Seite auch immer Salomon seinen Thron besteigen wollte, setzte sich stets ein Mechanismus in Bewegung. Von der untersten, also ersten Stufe hob ihn der Löwe auf die zweite, der Bär auf die dritte und so weiter bis auf die sechste Stufe … Traten nun Zeugen vor den König hin, dann setzte sich der Mechanismus ebenfalls in Gang: Der Stier muhte, die Löwen brüllten, der Bär brummte, das Schaf blökte, die Katze miaute, der Pfau kreischte, der Hahn krähte, der Habicht schnappte, die Vögel zwitscherten …«

»Drollige Vorstellung«, grinste Adel, »aber nicht vergleichbar mit meinem Thronsaal.«

»Geduld, bitte!«, bat ich. »Nach dem Tode von Salomon versuchte der babylonische König Nebukadnezar, den geheimnisvollen Thron zu besteigen. Doch der mechanische Löwe renkte ihm die linke Hüfte aus und der Bär zerschmetterte seinen rechten Hüftknochen. Wiederum Jahrzehnte später erbeutete Alexander von Mazedonien den Thron und ließ das Wunderwerk nach Ägypten verschiffen. Als aber Sisak, der König von Ägypten, den Thron besteigen wollte, zerschlug ihm schon auf der ersten Stufe der Löwe seinen rechten Hüftknochen. Sisak floh vor dem Thron, und seither wurde er lebenslang der ›hinkende Pharao‹ genannt. Du siehst, Adel, irgendwo in jener unbekannten Vorzeit existierten mechanische Roboter. Deshalb ist der Thron, vor dem Du gestanden hast, für mich kein Ding der Unmöglichkeit.«

Abwechselnd pendelten wir zum Frühstücksbuffet hinüber. Die ersten Sonnenstrahlen blendeten. Wir verspürten immer noch keine Müdigkeit.

»Jetzt mach nicht schlapp«, spöttelte ich zwischen zwei Gurken- und Tomatenscheiben. »Wie hast Du letztendlich ans Tageslicht gefunden?«

»Ich sagte Dir schon, dieser Thronraum blieb dunkel. Das einzige Licht kam von meiner Taschenlampe. Mein Blickwinkel blieb sehr beschränkt. An einer Wand standen zwei vergoldete Truhen. Irgendetwas hinderte mich, ihre Deckel zu heben. Während meines ganzen Abenteuers in jener Unterwelt habe ich überhaupt kein Gefäß geöffnet. Ich schaute mich um. Ein 16-Jähriger im Reiche von *Tausendundeiner Nacht.* An der Wand gegenüber dem Thron befand sich eine verwirrende Darstellung, die nirgendwo zum Stil der Hieroglyphen passte: ein Relief mit gekurvten Linien, an vereinzelten Punkten jeweils ein kleiner Edelstein und zwischen den Linien etwas wie ein Schiff. Kein Segelschiff, wie wir es kennen, aber klipp und klar ein Schiffsrumpf mit einem undefinierbaren Aufbau. Ich wurde nicht schlau daraus und beleuchtete die Darstellung aus verschiedenen Blickwinkeln. Letztlich dämmerte es mir: Das musste eine Landkarte sein. Aber was für eine! Aus dem Geografieunterricht waren mir die Konturen des Mittelmeeres vertraut: die griechischen Inseln, der Stiefel Italiens, das Knie des afrikanischen Kontinents und jenseits der Meerenge von Gibraltar die Karibik mit den Küstenlinien Kanadas, der USA und Südamerikas. Ich begriff, dass ich nicht vor einer Land-, sondern vor einer Weltkarte stand. Nur damals, als 16-Jähriger, fehlten mir die richtigen Zusammenhänge. Erst Jahre später dämmerte mir die Ungeheuerlichkeit meiner Betrachtung: Im Alten Ägypten *durfte* es keine Weltkarte geben. Die Pharaonen wussten nichts über die Küstenlinien jenseits von Gibraltar. Sie kannten weder Nord- noch Zentral- noch Südamerika. Aber dort, vor meinen Augen, in der Wand gegenüber dem Thron und vom Kegel meiner

Taschenlampe angeleuchtet, reflektierte unzweifelhaft das mehrfarbige Relief einer Weltkarte. Hast Du dafür eine Erklärung?«

Die hatte ich tatsächlich.

»Damals, als Du in Wien Archäologie studiertest, hast Du doch mein Buch *Erinnerungen an die Zukunft* gelesen. In diesem Werk, auf den Seiten 35–38, schrieb ich auch über die alten Landkarten des türkischen Admirals Piri Reis. [50] Erinnerst Du Dich?«

»So vage«, erwiderte Adel. »Da war irgendetwas mit einer vorgeschichtlichen Superkarte. Hat sich das inzwischen nicht längst erledigt?«

»Ganz und gar nicht«, lächelte ich. »Die Geschichte über jene unerklärlichen Landkarten ist nach wie vor sensationell!«

Seit jenem Gespräch sind Jahrzehnte verstrichen. Meine neuen Leser können nicht wissen, worum es bei diesen Piri-Reis-Karten ging. Nachfolgend ein Exkurs, der überblicksmäßig das Thema behandelt und auch den aktuellen Wissensstand berücksichtigt:

Am 9. November 1929 fand Halil Eldem, der damalige Direktor des Topkapi-Palastes in Istanbul, zwei Fragmente einer Karte des Seemanns Piri Reis. Die Karten waren in zarten Farben auf eine Gazellenhaut gemalt worden und stammten eindeutig von Piri Reis. [Bild 39] Der wiederum hatte 400 Jahre früher das Amt eines Admirals der türkischen Marine bekleidet. Nun war derselbe Piri Reis nicht nur Zeichner verschiedener Karten, sondern – dem Himmel sei Dank – auch schriftlich engagiert. In einer Arbeit mit dem Titel *Bahriye* vermerkte er:

»Gezeichnet hat sie [die Karten] der arme Piri Reis, Sohn des Hadschi Mehmet, der bekannt ist als Brudersohn des Kemal Reis, in der Stadt Gelibolu. Gott verzeihe ihnen beiden, im Monat des geheiligten Muharrem des Jahres 919 [= 9. März 1513].«

Bild 39

Was ist an dieser Karte rätselhaft? Im Jahre 1954 gelangten Kopien davon auf den Schreibtisch des amerikanischen Kartografen Arlington H. Mallery, der in Fachkreisen als Spezialist für alte Seekarten bekannt war. Die Blätter faszinierten Mallery, weil darauf Kontinente, zum Beispiel die Antarktis und Teile Südamerikas, eingezeichnet waren, die 1513, als Piri Reis lebte, noch gar nicht entdeckt worden waren. Piri Reis vermerkte in seinen Schriften, er habe die Weltkarte aus zwanzig verschiedenen Karten zusammengesetzt. Er schrieb: »Eine Karte von der Art dieser Karte besitzt in dieser Zeit niemand.«

Arlington Mallery bat seinen Kollegen Walters vom Hydrografischen Institut der U. S. Navy um Mitarbeit. Den verblüfften auf Anhieb die genauen Abstände zwischen der Alten und der Neuen Welt. Schließlich war im Jahre 1513 Amerika auf keiner Karte vermerkt. Rasch bemerkten die beiden Kartografen auch, dass Piri Reis nicht die damals üblichen Koordinaten verwendet hatte, die die Erde als Scheibe zeigten. Um diesem Rätsel auf den Grund zu gehen, übertrugen die Forscher die alte Karte auf ein modernes Lesegitter mit der kugelförmigen Erde. Jetzt war die Überraschung perfekt: Nicht nur die Konturen von Nord- und Südamerika, sondern auch die Küstenlinie der Antarktis befanden sich genau dort, wo sie nach heutigem Wissensstand hingehören. [Bild 40] Auf der Piri-Reis-Karte verläuft der südamerikanische Zipfel von Feuerland in einer schmalen Landverbindung nach Süden und breitet sich dann zur Antarktis hin aus. *Heute* tobt südlich von Feuerland eine stürmische See. Millimeter um Millimeter wurde die Piri-Reis-Karte mit Bodenprofilen verglichen, die mit modernsten Mitteln wie Echolotungen und Strahlensensoren angefertigt worden waren. Tatsächlich, so wurde eindeutig festgestellt, existierte vor rund 11 000 Jahren eine Landverbindung zwischen Feuerland und der Antarktis. *Heute* liegt sie unter einer dicken Eisdecke. Im

Jahre 1957 nahm sich auch der Jesuitenpater Lineham, damals Direktor der Sternwarte Weston (Connecticut, USA) und Kartograf der U. S. Navy, der alten Karten an. Er kam zu dem Schluss, die Piri-Reis-Karte sei, insbesondere was die Antarktis angehe, von unglaublicher Präzision. Am 28. August 1958 stellten sich Mallery und Lineham unter dem Gesprächsleiter Peter Warren in der Universität von Georgetown (Washington, USA) einem Hearing. Hier Sätze aus dem Protokoll:

»Warren: Für uns heute ist es schwierig zu verstehen, wie Kartografen so genau sein konnten, derart viele Jahrhunderte vor uns, während wir erst kürzlich die moderne wissenschaftliche Methode der Kartografie erfanden.

Mallery: Dies ist natürlich ein Problem gewesen, über das wir rätselten … Wir können uns jedenfalls nicht vorstellen, wie sie damals eine derart genaue Karte ohne Flugzeug hätten herstellen können. Tatsache ist, dass sie sie herstellten, und nicht nur das, sie bestimmten die Längengrade absolut korrekt, etwas, das wir erst vor 2 Jahrhunderten zu tun imstande waren.

Warren: Pater Lineham, Sie haben an der seismischen Erforschung der Antarktis teilgenommen. Teilen Sie den Enthusiasmus über diese neuen Entdeckungen?

Lineham: Sicherlich tue ich das. Mit der seismischen Methode finden wir Dinge heraus, die eine Menge der Zeichnungen beweisen, die auf der Piri-Reis-Karte gemacht wurden: darunter die Landmassen, die Berge und sogar die Inseln unter dem Eis …, wir können beweisen, dass diese Karte noch korrekter ist, als wir es jetzt zu glauben geneigt waren.«

Jetzt begann sich auch der »Grand Old Man der Kartografie«, Professor Charles H. Hapgood, mit der Piri-Reis-Karte zu beschäftigen. In der Korrespondenz mit Harold Z. Ohlmeyer, damals Kommandant der U. S.-Navy-Abteilung, die die Antarktis kartografierte, schrieb dieser am 6. Juni 1960: »Die Küsten-

Bild 40

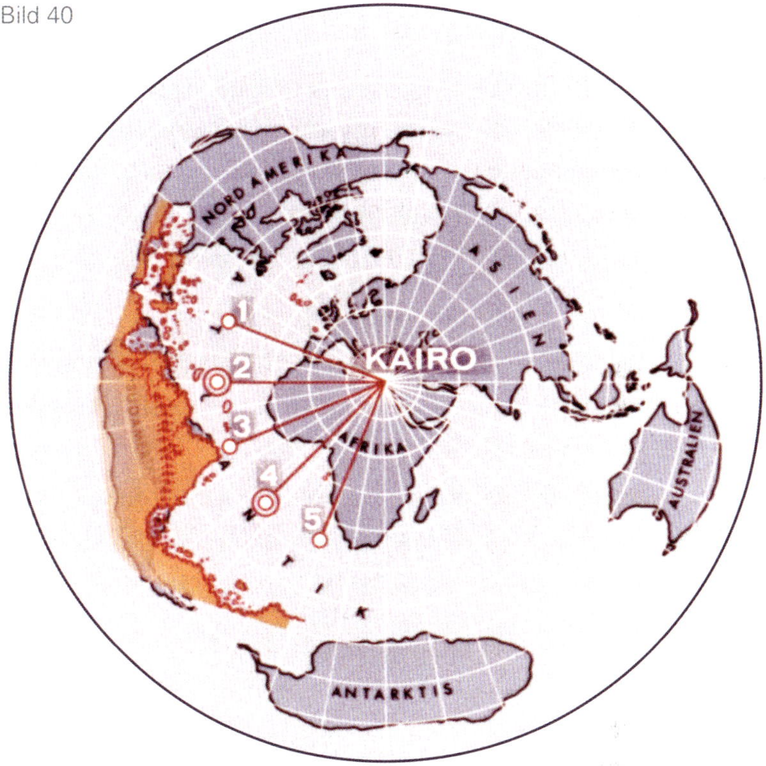

linien der Antarktis müssen kartografiert worden sein, bevor sie mit Eis bedeckt waren. Das Eis in diesem Gebiet ist heute etwa 1 Meile dick. Wir haben keine Ahnung, wie die Daten auf dieser Karte mit dem geografischen Wissen von 1513 vereinbart werden können.«

Starker Tobak! Hier wird klipp und klar bewiesen: Mit unserer Vorgeschichte stimmt etwas nicht. Anthropologen, Archäologen und Prähistoriker aller Couleur reden um den heißen Brei herum und wollen nicht zur Kenntnis nehmen, was eindeutig belegbar ist. Im Sommer 2019 gab der Kopp Verlag in Rottenburg a. N. das Buch *Die Weltkarten der alten Seefahrer* von Prof. Dr. Charles H. Hapgood heraus. [51] Dabei handelt es sich um die Übersetzung des über 50 Jahre alten Originals *Maps of the Ancient Sea Kings.* Wer es wissen will, kann es hier erfahren.

Damit zurück zu dem Gespräch, das Adel und ich führten. Nach meinen Erklärungen zur Piri-Reis-Karte schien Adel wie erschlagen. Er stützte den Kopf auf seine Fäuste und bemerkte wütend:

»Warum nur erfahren wir all dies an den Hochschulen nicht? Weshalb wird keinem Studenten der Archäologie etwas über die Piri-Reis-Karte doziert? Warum schreibt niemand darüber? Warum, Erich, warum …?«

»Es kommt noch toller«, bemerkte ich und wagte kaum, Adel anzublicken.

»König Salomon, bei Euch Arabern heißt er Suleiman, benutzte solche Weltkarten schon vor Jahrtausenden. Das war auch unabdingbar, denn er verfügte über mehrere Flugapparate, und ohne Karten sind Flüge um die Welt nicht möglich …«

»Wie bitte?«

»Beschrieben im äthiopischen Königsbuch, dem sogenannten *Kebra Nagast.* [52] Dort wird der ›Wagen der Lüfte‹ ausführlich behandelt und im Kapitel 58 sogar seine Geschwindigkeit angegeben. Das kannst Du bei Deinem Landsmann, dem Geografen und Historiker Al-Masudi (um 895–956 n. Chr.), nachlesen. Gelehrte nennen ihn auch ›den Herodot Arabiens‹. Al-Masudi berichtet, Salomon habe über Karten verfügt, die die Erde mit ihren Kontinenten und Meeren zeigten, doch auch die bewohnten und unbewohnten Landstriche, ja sogar ihre Pflanzen und Tiere und viele andere, höchst erstaunliche Dinge.« [53]

Zum ersten Mal blieb Adel sprachlos. Er schüttelte seinen Kopf, schlug mit den Handflächen auf den Tisch.

»Einfach irre!«, konstatierte er dann. »Leben wir eigentlich auf einem Planeten der Desinformation? Und nochmals: Weshalb schreibt niemand darüber?«

»Ich h-a-b-e darüber geschrieben, sonst wüsste ich das alles nicht!«, lachte ich triumphierend [54, 55], »nur scheint das keinen zu interessieren. Und von Dir möchte ich endlich wissen, wie Du wieder ans Tageslicht fandest.«

Irritiert schüttelte Adel den Kopf. Dann berichtete er:

»Wohin ich mit meiner Lampe auch leuchtete«, maulte er verdrossen und bestrich zwischendurch ein Toastbrot, »nirgendwo gab es eine Sitzgelegenheit – außer dem Thron, aber der war lebensgefährlich. Also schritt ich die Wände ab, drückte mit den Schenkeln und dem Ellenbogen immer wieder sanft daran – dies in der Hoffnung, eine Öffnung zu entdecken. Schließlich mussten die Menschen, die die Halle einst erbaut hatten, mitsamt ihrem Arbeitsgerät auch irgendwo hineingekommen sein – und dies sicher nicht durch den kilometerlangen Gang, der hinter mir lag. Ich verspürte wenig Lust, die ganze Strecke wieder zurückzulaufen. Aus innerer Wut und Verzweiflung schlug ich mit der Faust an eine Stelle, die voller Hieroglyphen war. Die splitterten alle zu Boden, als bestünden sie aus Gips. Dahinter kam eine Öffnung zum Vorschein, gerade breit genug für meinen Oberkörper. Also kroch ich hinein – ich hatte ja inzwischen Erfahrung darin –, meine Lampe fest im Griff. Ich fragte mich, wie lange die Batterie wohl noch Saft habe. In einem Bogen führte der Schacht schräg nach oben. Dann folgten einige Stufen und nochmals eine Kurve. Und plötzlich schien mir, als ob ich in der Lautlosigkeit Stimmen höre. Ich wagte kaum zu atmen. Da waren Stimmen, schwach zwar, aber definitiv vor mir. Ich schlich bis an die Stelle, an der das Stimmengewirr am lautesten schien, und brüllte aus Leibeskräften: ›Hilfe! Hilfe! Hilfe!‹ Das tat ich immer wieder, wartete und hoffte auf Antwort. Endlich vernahm ich wie durch einen Filter einen dunklen Männerbariton: ›Wo bist Du? Wer bist Du?‹ Ich schrie zurück, ich sei in einer Gruft gefangen, höre sie aber sprechen. Dann wurde es still. Nach einigen Minuten meldete sich der fremde Mann wieder und fragte, ob es in meiner Gruft einen Felsvorsprung oder eine Kurve gebe, hinter dem/der ich mich verbergen könne. Ich rief zurück, fragte ›Warum?‹, und der Fremde draußen meinte, sie würden eine kleine Sprengladung zünden wollen. Das gehe aber nur, wenn ich drinnen geschützt sei. Ich beschrieb ihm meine Lage, und der Fremde befahl, ich solle mich hinter den Felsvorsprung stellen und mein Tuch über den Kopf drücken. Also schritt ich zurück und wartete. Nach einigen Minuten folgte ein ›Wwwumm‹, darauf ein kurzer, intensiver Luftdruck. Auf allen Vieren kroch ich vorwärts und erblickte nach der Kurve grelles Tageslicht. Draußen standen mehrere Männer, die mich anstarrten, als wäre ich ein Geist. Sie fragten nach meinem Namen, wollten wissen, wie ich in den Stollen geraten sei, und, und, und. Einer kannte den Namen meines Vaters Salif und rief aufgeregt: ›Das ist Adel H., der verschollene Junge von Sakkara!‹ Die Männer schoben mir Fladenbrot, Datteln, Melonenscheiben und frisches Trinkwasser zu. Ich hockte auf einem Stein, bedeckte meine Augen vor dem Sonnenlicht und heulte. Irgendwann wollte ich wissen, wo ich sei. In Memphis, antwortete einer, und das lag gute 5 Kilometer von Sakkara entfernt. Später lernte ich: Der Tempel des Ptah in Memphis soll in vorgeschichtlichen Zeiten von Menes, einem mystischen Herrscher, erbaut worden sein. Er war also ur-uralt. Das Wort ›Memphis‹ bedeutete ursprünglich ›weiße Mauer‹. Ptah galt als Schöpfergott. Memphis wurde zur ersten Hauptstadt des Alten Reiches. Dort sind unzählige Krönungsfeierlichkeiten abgehalten worden, deshalb mein Thronsaal. Später wünschte jeder, der etwas von sich hielt, in der Nähe von Memphis begraben zu werden. So, jetzt weißt du alles«, nickte Adel und starrte vor sich hin.

»Wie kamst Du nach Hause?«

»Die Männer erwiesen sich als Straßenbauer. Deshalb verfügten sie über Sprengstoff. Eine Telefonverbindung zur Wohnung meiner Eltern existierte damals nicht. So brachte mich der Vorarbeiter mit seinem Auto heim. Du kannst Dir die Wiedersehensfreude nicht vorstellen. Zuerst dachten sie, ich sei aus der Geisterwelt zurückgekehrt. Dann hörte meine Mutter nicht mehr auf zu weinen. Alle priesen Allah und küssten mich schier ununterbrochen. Papa rief seine Freunde zusammen, natürlich auch seinen Bruder Achmed und dessen Sohn Machmud. Die darauffolgenden Tage wurde ich herumgereicht. Eine Tageszeitung druckte sogar ein Bild von mir. Und wieder und wieder musste ich meine Geschichte erzählen – aber ich sagte nicht alles. Ich verschwieg die intime Begegnung mit Mahlinja. Mama fragte mich, woher das beige Halstuch komme, und ich log nicht: Ein Mädchen habe es mir um den Hals gelegt. – Und jetzt mache ich langsam schlapp«, meinte Adel, »wir sollten uns ein paar Stunden Schlaf gönnen.«

»Nur eine Kleinigkeit noch«, bat ich und ergriff seine Hand. »Was ist aus dem Grab geworden, das Dein Vater und Achmed geöffnet hatten und durch das Du hineingestiegen bist?«

»Das Grab wird heute exklusiven Touristen gezeigt. Man nennt es ›Familiengrab eines reichen Wesirs‹. Der Stollen, der zu den 22 Stufen führte, wurde zugemauert.«

Adel zog seine Jacke über.

»Stopp!«, bat ich zum letzten Mal. »Du sagtest, Du seiest dem Falken Sisi wiederbegegnet. Wo?«

Lachend nahm Adel nochmals Platz. »Ein halbes Jahr nach meiner Befreiung hockte ich als Beifahrer auf einem Kleinlaster, der in Sakkara Schubkarren und Werkzeuge für ein tschechisches Archäologenteam transportierte. Ich half beim Abladen und sah über unseren Köpfen einen Falken kreisen, der – so schien es mir – müde krächzte. Ich blickte nach oben, rief mehrmals ›Sisi‹ und hob meinen rechten Unterarm. Augenblicklich ließ sich das Tier darauf nieder. Nun kann ich Falken nicht voneinander unterscheiden, aber derjenige vor mir nickte ununterbrochen und rieb seinen Kopf an meinem Oberarm. Die älteren Arbeiter fragten, ob ich das Tier dressiert habe. Dann hüpfte der Falke von meinem Arm auf meine rechte Schulter. Der Vogel schien alt und müde. Die Arbeiter mussten weiter, und der Falke klammerte sich an eine Seitenwand des Kleinlasters. Dort blieb er auch, als wir losfuhren, und einige Minuten später – ich hockte direkt unter ihm auf der Ladefläche – kippte er um und fiel vom Auto. Die anderen wollten ihn liegen lassen, aber ich überzeugte sie, das tote Tier mir zu überlassen. Ich wickelte es in mein Tuch und brachte es nach Hause. Papa kannte die Geschichte, streichelte den Leichnam und fragte: ›Was hast Du vor?‹ Die Götter oder Geister aus der anderen Dimension mögen wissen, weshalb ich ohne zu überlegen ›einbalsamieren‹ antwortete. Jemand aus dem familiären Ärztekreis kannte einen Konservator. Das sind die Leute, die Mumien für die Museen präparierten. Es gab Verhandlungen, ich bot meine Arbeitskraft an, und Papa insistierte, es handle sich um meinen persönlichen Falken und ich hätte ihn gerne zu Hause, ohne dass er verwese. Die Prozedur dauerte 8 Wochen. Dann erhielt ich Sisi zurück – er sah wie lebendig aus. Monate später schaffte ich es, an eine alte Kanope [= Tongefäß] zu kommen. Ich steckte Sisi hinein, verschloss das Gefäß mit Harz und brachte es gemeinsam mit Papa nach Tuna el-Gebel. Dort war ein Jahr zuvor eine unterirdische Nekropole mit Falken- und Pavianmumien entdeckt worden. Jede Mumie steckte in einer eigenen Kanope und jede Kanope in einem Loch in der Wand. Dabei ging es nicht um Millionen von Mumien, wie sie 25 Jahre später in Sakkara gefunden wurden, sondern nur um etwa hundert. Bevor wir gebückt in die unterirdische Gruft stiegen, hatte ich

Sisi in meiner Schultertasche versteckt. Damals verfügte die Anlage von Tuna el-Gebel über kein elektrisches Licht. Also kamen wieder Taschenlampen zum Einsatz. Während Papa mit dem Wächter draußen eine Zigarette qualmte, steckte ich meine Kanope in ein leeres Loch in der dunklen Wand, inmitten von anderen Kanopen mit Falkenmumien. Seither ruht Sisi dort, unter seinesgleichen und hoffentlich für Jahrtausende. Bis er vielleicht eines Tages wieder materialisiert.«

Kapitel 5

Paradigmenwechsel – der Zeitgeist ändert sich

Nach dem christlichen Kalender leben wir heute im Jahr 2019. Wir sind im 3. Jahrtausend. Im Gegensatz dazu begann der jüdische Kalender bereits 3761 vor Christus. Die jüdische Gemeinde zählt heute den »Schabbat 5. Siwan 5779«. Sie lebt im 6. Jahrtausend. Der muslimische Kalender wiederum begann im Jahre 622 unserer Zeit. Umgerechnet auf den christlichen Kalender wäre in der muslimischen Welt heute das Jahr 1397. Noch verwirrender: Der Maya-Kalender startete am 11. August 3114 vor Christus. Würden wir seine Jahreszahlen auf den christlichen Kalender übertragen, wäre heute das Jahr 5133.

Jede Kultur hat ihren Kalender, und der Startschuss für jeden Kalender ist immer ein für die betreffende Gemeinschaft sehr bedeutendes Ereignis gewesen. Für die Christen die Geburt Jesu – damit begann die Zählung. Für die jüdische Gemeinde »die Erschaffung der Welt« oder »die Schöpfung«. Für die Muslime war es der Einzug des Propheten nach Medina. Und für die Maya im fernen Zentralamerika? Was war für sie derart wichtig, dass sie mit ihrer Kalenderzählung begannen? Tatsächlich ein phänomenales Ereignis: der Besuch der Außerirdischen, nachzulesen im sogenannten *Buch der Jaguar-Priester.* Dabei handelt es sich um eines der *Chilam-Balam*-Bücher, geschrieben vor 4 Jahrhunderten in der yukatekischen Sprache Mayathan: [56]

»Damals stiegen sie von der Straße der Sterne hernieder. Sie sprachen die magische Sprache der Sterne des Himmels. Ja, ihr Zeichen ist unsere Gewissheit, dass sie vom Himmel kamen. Und wenn sie wieder herniedersteigen, die dreizehn Götter und die neun Götter, werden sie neu ordnen, was sie einst erschufen.«

Sie sind erneut herniedergestiegen. Gegenwärtig umkreisen sie unseren Planeten, studieren unsere Sprachen, unsere politischen und religiösen Verhältnisse, unsere Waffensysteme mitsamt unseren Viren und Bakterien. Wie bitte? Wo denn? Nirgendwo gibt es darüber Schlagzeilen. Keine TV-Anstalt brachte eine Sendung über sie. Alles nur Humbug!

Wir befinden uns im Strudel des Paradigmenwechsels. Eröffnet wurde der Reigen im September 2017 durch das große US-amerikanische populärwissenschaftliche Magazin *Scientific American.* »Wonders of the Cosmos« lautete die Titelgeschichte. [57] Sachte wurde der Leser mit dem Gedanken vertraut gemacht: Dort draußen gibt es Leben.

Am 20. Oktober 2017 doppelte die große US-Wochenzeitschrift *Time* gleich mit einer Sonderausgabe nach. »Are we alone?«, wurde auf dem Titel gefragt, und die Antwort war eindeutig: Nein – wir sind nicht allein. [58]

Nur Tage später folgte *Newsweek* mit »Life beyond Earth?« [59] Gibt es Leben außerhalb der Erde? Selbstverständlich – was sonst?

Im März 2019 startete das weltweit bekannte Magazin *National Geographic* gleich mit einer ganzen Serie. Das Fragezeichen war weg – jetzt lautete die Titelgeschichte resolut »We are not alone«. [60] Wir sind nicht allein!

In Deutschland tastete sich das *P. M. Magazin* an das heiße Thema heran. »Bereit für den Kontakt« lautete seine Titelgeschichte. [61] Und in der Schweiz widmete die stockseriöse *Neue Zürcher Zeitung* dem brandheißen Gedanken ein einzigartiges Folio: »Ist da draußen wer?« [62]

Im Blätterwald rauscht es – dabei habe ich gerade einmal sechs von weltweit Hunderten von Magazinen erwähnt. Doch was sind Zeitschriften schon gegen die geballte Macht von starken TV-Sendern? Seit über 10 Jahren sendet der US-amerikanische History Channel eine Serie mit dem Titel *Ancient Aliens.* Ursprünglich waren einmal drei Fortsetzungen geplant. Inzwischen sind 160 gedreht worden, und weitere 40 befinden sich in Produktion. Das ist mehr als die seinerzeit sehr erfolgreiche TV-Serie *Akte X.* Das Echo ist überwältigend.

Inzwischen werden die TV-Dokumentationen weltweit in vielen Sprachen gezeigt. Und wegen *Ancient Aliens* finden in den USA sogenannte »ALIENCON« (= Kongresse über Außerirdische) statt. Diese Veranstaltungen sind regelrechte Publikumsmagnete. Den ALIENCON im Juni 2019 in Los Angeles – an dem ich persönlich teilnahm – besuchten rund 20 000 Personen. Nicht genug damit: Der große, mehrsprachige Internetsender GAIA, der weltweit gesehen wird, brachte eine vierzigteilige Serie über Außerirdische, die einen durchschlagenden Erfolg hatte. Das Thema ist »in«, der Zeitgeist hat sich geändert – wenn die Früchte reif sind, fallen sie überall.

Am 26. Mai 2019 schockierte die bedeutende US-Tageszeitung *New York Times* ihre Leser mit der Schlagzeile »Wow – What is That? Navy Pilots Report Unexplained Flying Objects«.

(»Wow – was ist das? Navy-Piloten berichten über unerklärliche fliegende Objekte«.) Der verblüffte Leser erfuhr, ab dem Sommer 2014 bis zum März 2015 hätten mehrere Navy-Piloten in großer Höhe völlig fremde Objekte auf den Radarschirmen gehabt, mit ihren Abfangjägern verfolgt und auch gefilmt. Erstaunlich genug: Nicht nur die eindrucksvollen Live-Bilder wurden vom Verteidigungsministerium freigegeben und können im Internet heruntergeladen werden, sondern auch die Gespräche der Piloten untereinander. [63]

Leutnant Danny Accoin, einer der Piloten, der sich der *New York Times* anvertraute, berichtete, er sei im Sommer 2014 Teil des Kampfgeschwaders VFA-11 »Red Rippers« an Bord des Flugzeugträgers *USS Theodore Roosevelt* gewesen. Gemeinsam mit Leutnant Graves seien sie über die Küste von Virginia geflogen. Ihre Kampfjets seien mit den fortschrittlichsten Radarsystemen ausgerüstet gewesen. Zuerst hätten sie in 10 000 Metern Höhe fremde Objekte geortet und später auch gesichtet, die mit absurden Geschwindigkeiten beschleunigt und ihre Positionen verändert hätten. Dabei hätten die fremden Objekte Manöver ausgeführt, die keine irdische Technik beherrsche geschweige denn menschliche Piloten. Gleich zweimal erfasste Leutnant Accoin die unheimlichen Gebilde. Bei der ersten Begegnung habe er das UFO zwar auf dem Radar, nicht aber durch seine Helmkamera beobachten können. Doch bei der zweiten Sichtung hatte er das UFO nicht nur auf dem Radar, sondern gleich noch auf seiner Bordinfrarotkamera. Das Ding war real. Es strahlte eindeutig Hitze aus. Leutnant Graves:

»Bei unseren Übungen handelt es sich um komplexe Manöver, bei denen wir auf 10 000 Meter steigen und dann nach unten abtauchen. Die [fremden] Dinger können beschleunigen, abbremsen und dann wieder mit plötzlicher Überschallgeschwindigkeit davonschießen.«

Selbstverständlich diskutierten die Piloten untereinander über die Sichtungen und fragten sich, ob die vermeintlichen UFOs vielleicht Drohnen eines geheimen Programms der US-Luftwaffe sein könnten. Doch dieser Gedanke wurde rasch wieder fallen gelassen, als ein Geschwaderpilot »völlig schockiert« von einem Einsatz zurückkam und erzählte, er sei beinahe mit einem der Objekte zusammengestoßen. [64]

Zwei andere Piloten flogen in einem Abstand von rund 100 Metern nebeneinander her, als sich plötzlich ein würfelähnliches Objekt mit einer Kugel in der Mitte zwischen sie schob und mit derselben Geschwindigkeit wie die beiden Kampfflieger manövrierte. Die Piloten waren derart erschrocken, dass sie um sofortigen Abbruch des Fluges baten und später am Boden einen Bericht anfertigten.

Alle beteiligten Piloten sagten aus, die unheimlichen Objekte seien in der Lage, von null auf Überschallgeschwindigkeit zu beschleunigen, plötzlich in der Luft stehenzubleiben und rechtwinklige Kehrtwendungen zu vollführen – ein Ding der Unmöglichkeit für jede irdische Technik. Das gilt auch für Drohnen.

Aufgeschreckt durch die vielseitigen Berichte richteten einige Politiker Anfragen an das Verteidigungsministerium. Stimmen die Geschichten über UFOs? Ist unsere nationale Sicherheit gefährdet? Der Demokrat Mark Warner ist stellvertretender Vorsitzender des Geheimdienstausschusses. Seine Sprecherin sagte den Journalisten:

»Wenn Piloten der Marine in der Luft unerklärliche Störungen erleben, dann ist dies ein Sicherheitsthema, dem wir nach Auffassung von Senator Mark Warner gründlich nachgehen müssen.« [65]

Etappenweise erfuhren die verblüfften Senatoren, dass schon im Jahre 2004 Piloten von F/A-18-Kampfjets des Flugzeugträgers *Nimitz* UFO-Sichtungen gemeldet hatten, also bereits 10 Jahre *vor* denjenigen, über die die *New York Times* berichtete.

Die Druckerschwärze der *New-York-Times*-Ausgaben, die über die Pilotenbeobachtungen berichtet hatten, war kaum getrocknet, als die Skeptiker ausschwärmten. In einem sachlichen Artikel in der *Washington Post* relativierte Professor Daniel Drezner die Situation – schloss aber ETs nicht aus. [66] Anders in Deutschland. Dort titelte *Der Spiegel:* »9/11 aus dem All«. [67] »Was für ein Quatsch«, stellte der Autor Marco Evers fest und dozierte:

»Forscher haben zwar mittlerweile Tausende Planeten in anderen Sonnensystemen entdeckt, aber immer noch fehlt jeder Beweis für die Existenz auch nur einer außerirdischen Mikrobe.«

Der Spiegel ortete die UFO-Gläubigen in der US-Popkultur, in Hollywood, bei Kindsköpfen und in der Politik. Und selbstverständlich ließen sich – laut *Spiegel* – »alle angeblichen Alien-Vehikel befriedigend erklären. Mal waren Wetterballons im Spiel, mal Vögel, Meteoriten, Eiskristalle oder Sinnestäuschungen; auch Fälschungen wurden nachgewiesen.«

Stimmt, und stimmt doch nicht. Richtig ist: Es gab immer wieder Fälschungen. Richtig ist auch, dass unzählige UFO-Sichtungen eine natürliche Erklärung fanden. Doch wie viele Sichtungen gab es überhaupt? Linda Miller, Doktor der Psychologie an der University of Maryland, USA, wollte es genau wissen. Sie tat sich mit Cheryl Costa zusammen. Die wiederum schrieb seit Jahren in diversen Zeitungen sachlich über UFOs. Während eines Zeitraums von 8 Jahren studierten die beiden Damen ausschließlich diejenigen UFO-Fälle, die bei staatlichen Stellen eingegangen waren. Das Resultat ist ein 360-seitiger Bericht voller Tabellen. [68]

Zwischen den Jahren 2001 und 2015 wurden bei den US-Behörden insgesamt 121 036 UFO-Sichtungen registriert. Die Erfahrung zeigt aber, dass sich nach einem ungewöhnlichen Lichterspektakel am Firmament nur etwa jeder zehnte Zeuge bei irgendeiner Dienststelle meldet. Das bedeutet also in Wirklichkeit 1 210 036 UFO-Sichtungen in 15 Jahren. Eine Umfrage des Magazins *National Geographic* ergab Folgendes: 36 Prozent aller Amerikaner glauben fest an UFOs, und 47 Prozent halten UFOs für wahrscheinlich. Dabei sind 70 Prozent aller Amerikaner der Meinung, sie würden von den Behörden nicht korrekt informiert, was UFOs angehe. Nun beläuft sich die Bevölkerung der USA auf rund 220 Millionen Menschen. 160 Millionen von ihnen trauen den US-Behörden nicht, wenn es um UFOs geht. Am Ende ihres Berichtes schreiben die Autorinnen:

»Bei den UFOs geht es nicht nur um Lichter am Firmament, sondern um handfeste Lügen auf der Erde.«

Mehr und mehr kristallisiert sich heraus: Die Skeptiker sind die wahren Gläubigen. *Sie* prüfen nichts, wollen keine Argumente zur Kenntnis nehmen, glauben stur und selbstsicher: UFOs im Sinne von Außerirdischen gibt es nicht. Wer einem Skeptiker gegenüber versucht, die UFO-Problematik zu verteidigen, ist ganz einfach »bescheuert«. [69] Ernsthafte Menschen befassen sich nicht damit. Basta! Und die wenigen gebildeten und couragierten Menschen, die es trotzdem versuchen, landen gleich auf dem Müllhaufen der Lächerlichkeit. In TV-Sendungen mit dem Titel *Die Wahrheit über UFOs* [70] werden angeblich spektakuläre UFO-Fälle gezeigt, um in denselben Sendungen von pseudoseriösen Schlaumeiern widerlegt zu werden. Die Botschaft ist immer dieselbe: UFO-Zeugen sind durch die Bank Trottel. Die Anti-UFO-Lobby gewinnt immer, auch wenn sie einen unsagbaren Stuss daherzaubert. Wer UFOs gesehen hat, steht ohne objektive Beweise im Regen – behaupten die Skeptiker. Und selbst wenn gute Fotos oder gar ein Film zur Untermauerung eines außergewöhnlichen Erlebnisses beigesteuert werden, gelten derartige Beweise nicht. Alles auf dem Computer hergestellt, heißt es mit erhobenem Zeigefinger. Sollten gar hundert oder tausend Personen dasselbe UFO-Ereignis beschreiben, dann waren sie Opfer einer »Massensuggestion«. Sie beobachteten eine »Fata Morgana« oder die während 365 Tagen im Jahr überall auf die Erde »abstürzenden Teile von Raketen oder Raumstationen« – ein nicht enden wollendes Bombardement von irdischem Müll aus dem All. Und ist mit all diesen scheinheiligen Tricks kein Weltraummüll herbeizuzaubern, so entpuppen sich die vermeintlichen UFOs als »Leichtflugzeuge«, »Kinderdrachen«, »Heißluftballone«, »Spiegelungen von Scheinwerfern«, »Halluzinationen«, »Erfindungen«, »Fantastereien«, »Mückenschwärme«, »hochfliegende Wetterballone«, »Eiskristalle«, »Sumpfgas« oder meinetwegen als »hell leuchtende Planeten« und »Meteore«, die in der Sichtungsnacht gerade mit irrwitzigen Geschwindigkeiten um die Erde kurvten. Die Anti-UFO-Lobby, durch und durch pseudowissenschaftlich, hängt sich stets das Mäntelchen der Seriosität um, bedient sich der Methoden der Verunglimpfung und Ausgrenzung und beteuert bei jeder (un-)passenden Gelegenheit ihre »Wissenschaftlichkeit«. Die Anti-UFO-Lobby ist restlos davon überzeugt, dass jede Erforschung von UFOs per Definition pseudowissenschaftlich sei, denn UFOs gibt es nicht. In der Religion und der Ideologie nennt man das »Glaube«, in der Tiefenpsychologie »Verdrängung«.

Wann endlich nehmen diese armen Gläubigen zur Kenntnis, dass der damalige britische Verteidigungsminister bereits am 25. Juni 1965 seine Mitarbeiter wissen ließ:

»Our policy ist to downplay the subject of UFO and to avoid attaching undue attention or publicity to it.« (»Es ist unsere Politik, UFO-Berichte herunterzuspielen, um unnötige Aufmerksamkeit in der Öffentlichkeit zu vermeiden.«) [71]

Wann begreifen die gutgläubigen UFO-Skeptiker, dass der US-Geheimdienst CIA bereits vor über 60 Jahren folgenden Befehl herausgab, in dem es hieß:

»Alle Behörden des Geheimdienstnetzes sind dazu angehalten, die Massenmedien zum Zwecke der Diskreditierung zu beeinflussen und zivile UFO-Forschungsgruppen zu infiltrieren ... UFO-Berichte sollen unglaubwürdig und lächerlich gemacht werden ..., das öffentliche Interesse an UFO-Vorfällen soll nachdrücklich ausgehöhlt werden.« [72]

Dieser brisante Befehl gelangte erst 1975 durch den sogenannten *Robertson Panel Report* an die Öffentlichkeit. Und spätestens jetzt müsste eigentlich auch der sturste UFO-Skeptiker zur Einsicht gelangen, dass er jahrzehntelang als nützlicher Idiot missbraucht wurde. Unzählige verantwortungsbewusste Menschen haben dies inzwischen begriffen. In meinem jüngsten Buch zitierte ich einige von ihnen, [73] darunter Denis Letty, Generalmajor der französischen Luftwaffe, Ricardo Bermúdez Sanhueza, General der chilenischen Luftwaffe, José Carlos Pereira, Oberbefehlshaber der brasilianischen Luftwaffe, Fife Symington, Gouverneur von Arizona, Yves Sillard, Ex-Generaldirektor der französischen Raumfahrtbehörde, Paul Theodore Hellyer, Ex-Verteidigungsminister Kanadas, Prof. Dr. Dr. John Mack von der Harvard-Universität, USA, oder den amerikanischen Astronauten Dr. Edgar Dean Mitchell. Ausnahmslos jede dieser Persönlichkeiten bestätigt die Existenz von Flugobjekten mit nicht irdischer Technologie.

Alles Dummschwätzer? Verantwortungslose Individuen? »Kindsköpfe« und »Quatsch«, wie *Der Spiegel* diagnostizierte? Wann begreifen die Mitglieder der Anti-UFO-Gemeinschaft, dass *sie* in Wirklichkeit die Gläubigen sind? *Sie* sind es, die nicht wissen wollen, dass mehrere Menschen eindeutig Implantate von Außerirdischen tragen. Einige dieser Implantate wurden aus den Körpern herausoperiert und physikalisch wie chemisch gründlich analysiert – Wissenschaftlich klipp und klar belegbar für jeden, der es wissen will. [74, 75, 76]

Ein einziges Beispiel genügt, um die Lächerlichkeit der Skeptikerargumente aufzuzeigen. Nachfolgend berichte ich über ein Ereignis, das sich am 26. Dezember 1980 abspielte. Wo? In der Royal-Air-Force(RAF)-Basis von Bentwaters-Woodbridge, England, exakt über dem und im Rendlesham Forest. Damals war der 25-jährige James Penniston dem taktischen Geschwader der RAF als Sicherheitsoffizier zugeteilt worden. Kurz nach Mitternacht informierte ihn Sergeant Steffens, dass im Rendlesham Forest Lichter gesichtet würden. Es handle sich um keine abgestürzte Maschine. Irgendetwas sei dort gelandet. Sofort informierte James Penniston das Kontrollzentrum der Basis und befahl den beiden Wachmännern Edward Cabansag und John Burroughs, ihn zu begleiten. Im Wald beobachteten sie ein grelles Licht. Beim Näherkommen erkannten sie eindeutig die Umrisse eines dreieckigen Gebildes, das in einer Waldlichtung auf drei Beinen stand. Noch näher am Objekt sahen sie blaue und gelbe Funken, die rasend schnell um den seltsamen Gegenstand herumschwirrten. Gleichzeitig brach die Funkverbindung mit der Basis ab. Die Luft war elektrisch geladen. Die Männer spürten es an ihren Uniformen, auf der Haut und in den Haaren – vergleichbar einer statischen Aufladung. James Penniston befahl dem Wachmann Edward Cabansag, so weit zurückzugehen, bis er wieder eine Verbindung mit der Basis habe. Er selbst und John Burroughs umkreisten langsam das leuchtende Objekt. Penniston schoss mehrere Bilder und kam zu dem Schluss, das Ding könne nur ein Fluggerät sein. Dann bemerkte er auf einer Seite mehrere fremde Symbole, die »eine Fläche von drei Zoll Höhe und zweieinhalb Fuß Breite einnahmen«. [72] Die Schriftzeichen – wenn es solche waren – entsprachen keinem irdischen Alphabet. Nach circa 10-minütiger Beobachtung wagte es James Penniston, das Ding zu berühren. Die Oberfläche erwies sich als glatt und warm. Nach rund 25 Minuten begann das Objekt, stärker zu leuchten. Die Männer gingen in Deckung. Ohne jedes Geräusch hob das Fluggerät vom Boden ab, manövrierte zwischen den Bäumen hindurch und schoss über den Wipfeln mit einer unfassbaren Geschwindigkeit davon. Nach Tagesanbruch kehrten die Männer an den Ort des Geschehens zurück. Am Boden lagen einige abgebrochene Äste, die offensichtlich von dem fremden Objekt berührt worden waren. Im gefrorenen Boden entdeckten sie drei tiefe Einbuchtungen und Brandspuren an mehreren Bäumen.

Damals wirkte Oberst Charles Halt als stellvertretender Kommandant der RAF-Basis von Bentwaters. Mit einigen Angehörigen der RAF-Teams besuchte er anderntags die Landestelle des fremden Objektes. Sie registrierten die drei Abdrücke im Boden und vermaßen sie. Jeder hatte einen Durchmesser von 35 Zentimetern, der gefrorene Boden war 4 Zentimeter tief eingedrückt, und das Verhältnis der Spuren untereinander zeigte die Form eines gleichschenkligen Dreiecks. Die gemessene Radioaktivität lag über dem Durchschnitt – was die Männer bewog, den unheimlichen Ort rasch wieder zu verlassen.

James Penniston starb wenige Jahre später an einer unerklärlichen Bluterkrankung. Oberst Charles Halt schied 1991 aus dem Dienst der RAF aus und arbeitete als Generalinspektor des Verteidigungsministeriums. Er ist restlos davon überzeugt, dass das fremde Objekt von einer Intelligenz gesteuert worden war. Von einer menschlichen Intelligenz?

Definitiv nicht. Das Radar der RAF-Basis von Bentwaters hatte das Flugobjekt ebenfalls auf dem Schirm gehabt. Die gemessene Geschwindigkeit beim Verlassen des Rendlesham Forest betrug über 6500 Kilometer pro Stunde, wobei auf dem Radarschirm ein durchgehender Strich auftauchte und nicht – wie üblich – aufblinkende Leuchtpunkte. Zudem verschwand das Objekt im All und nicht irgendwo hinter dem Wäldchen. James Penniston versicherte mehrmals, die Technologie jenes Fluggerätes liege weit jenseits von allem, was Menschen beherrschten.

Was meinen die Skeptiker? James Penniston und seine Leute seien Opfer einer optischen Täuschung geworden. Sie hätten sich durch das Licht des Leuchtturmes von Orford Ness – der etwa 1 Meile entfernt ist – irritieren lassen. Lichter könnten auch durch Sumpfgase entstehen, oder im besten Falle hätte es sich um eine geheime Drohne gehandelt.

Es ist eine Schande, was sich unsere Gesellschaft durch diese Realitätsverweigerer gefallen lässt. Als ob 1980 – vor 40 Jahren (!) – Drohnen mit den beschriebenen Wirkungen existiert hätten. Als ob die Lichter eines Leuchtturms 4 Zentimeter tiefe und 35 Zentimeter breite Spuren in den gefrorenen Boden drücken könnten, Brandmale an den Bäumen zurücklassen und zusätzlich Äste von ihren Stämmen trennen und zur Erde stürzen lassen könnten. Nur komplette Ignoranten begeistern sich an einem derartigen Unsinn. Und bezogen auf das Jahr 2014: Damals existierten keine Drohnen, die in 10 000 Metern Höhe die Fliegerleutnants Accoin und Graves des Flugzeugträgers *Theodore Roosevelt* narren konnten – Drohnen wohlgemerkt, die mit absurden Geschwindigkeiten von null auf Überschall beschleunigten und rechtwinklige Manöver durchführten, die keine irdische Technik aushält. Drohnen zudem, die sich im vollen Flug zwischen zwei Kampfjets schieben und mitfliegen. Drohnen, auf denen – wie im Fall Bentwaters – nicht irdische Schriftzeichen angebracht sind.

Irgendwann erledigt sich der Unsinn dieser nicht informierten und nichts wissen wollenden Schlaumeier von selbst. Da sie nichts wissen, haben sie auch noch nie etwas vom *Brookings Report* gehört. Den gab die NASA bereits 1959 beim Brooking-Komitee in Auftrag. [77] Bei diesem Komitee handelt es sich um eine amerikanische Denkfabrik, zusammengesetzt aus Fachleuten der höchsten Qualität. Im Report wird die Frage behandelt, wie man die Menschheit auf einen Kontakt mit ETs vorbereiten könne. Schon damals – vor 60 Jahren (!) – empfahlen die wissenschaftlichen Autoren, die menschliche Gemeinschaft müsse in kleinen Etappen, häppchenweise also, über die Existenz von Außerirdischen informiert werden. Exakt dies geschieht zurzeit. Schlagzeilen wie etwa »Außerirdische sind da« oder »Wir werden von Außerirdischen beobachtet« wären für die menschliche Gesellschaft katastrophal. Die Religionen und politischen Systeme würden zusammenbrechen. Weshalb das

Bild 41

so und nicht anders ist, behandelte ich in einem früheren Buch. [73] Dort befasste ich mich auch mit echten und gefälschten Kornkreisen und meinte, damit sei das Thema abgehandelt. Ist es aber nicht.

Am 13. Juni 2019 tauchte in einem Kornfeld beim Dorf Saint-Hippolyte, unweit von Colmar im Elsass, Frankreich, ein riesiges Bild auf, das sich über das Sträßchen auf dem dahinterliegenden Feld weitererstreckte. Der Bauer, dem das Feld gehörte, Monsieur Thomas Jehl, fiel aus allen Wolken und konnte sich die Formation, die aus mehreren Kreisen unterschiedlicher Größe bestand, nicht erklären. Unweit von Saint-Hippolyte

Bild 42

wohnt auch Patrick Wenger, ein mit beiden Beinen fest auf dem Boden der Realität stehender IT-Spezialist und ausgebildeter Drohnenpilot. Der schickte seine Drohne über die Formation und lieferte mir die eindrücklichen Bilder [Bilder 41+42]. Er schritt auch über das Feld und zupfte zwei Halme aus dem Kornkreis heraus. Diese verglich er mit einem anderen Halm, den er eben durch das Betreten des Feldes niedergetrampelt hatte. Der Vergleich lieferte ein eindeutiges Ergebnis: Die Halme aus dem Kornkreis zeigten an den sogenannten Apikalknoten keinerlei Brüche. Der niedergetretene Halm hingegen wies eine klare Bruchstelle auf. [Bild 43] Professor Dr. Archie Roy,

Bild 43

Physiker und Astronom der Universität Glasgow, der viele Kornkreise untersuchte, nennt das Ganze »ein ungeheures Rätsel«. [78] Dazu attestierte der Physiker Dr. Eltjo Haselhof, der gründlichste Kenner der Kornkreise:

»Die Ursache der geplatzten Halme ist eine nachweisbare, elektromagnetische Energie. Sie ist der Auslöser für das Phänomen.« [79]

Dies und mehr ist den Skeptikern nicht bekannt. Es interessiert sie auch nicht. *Der Spiegel* hatte geschrieben, dass immer noch der Beweis für auch nur »eine außerirdische Mikrobe« fehle. [67] Falsch. Bereits 2015 hatte der britische Biologe Professor Dr. Milton Wainwright eindeutig außerirdische Organismen im Weltall nachgewiesen: »Die Organismen müssen aus dem Weltall kommen. Wir fanden Beweise, dass die DNS nicht irdisch ist. Würden die Organismen von der Erde stammen, müssten sie mit irdischer DNS kontaminiert sein. Das sind sie aber nicht.« [80] In einer der *Ancient-Aliens*-TV-Sendungen präsentierte Professor Wainwright seine neuesten Ergebnisse, die die früheren bestätigten, und bewies das Ganze mit umwerfenden Bildern von außerirdischen Mikroben. *Der Spiegel* (und unzählige andere Publikationen) haben keine Ahnung davon. Sorry. Sie sind nicht informiert.

Vor Jahren hatte der damalige kanadische Verteidigungsminister Paul Theodore Hellyer vor den Medien verkündet, einige Außerirdische würden aussehen wie wir, und »sie könnten die Straße hinunterlaufen, und man würde es nicht merken«. [81] Paul Hellyer war 6 Jahre lang Verteidigungsminister und 22 Jahre Mitglied des kanadischen Parlaments gewesen – eine ernst zu nehmende Persönlichkeit, die sehr wohl überlegt haben dürfte, was sie sagt. Sein Ausspruch war kein Witz – der verantwortungsbewusste Mann steht auch heute, im hohen Alter, zu seinen Aussagen. Weshalb ETs tatsächlich menschenähnlich aussehen können, ist von mir bereits vor Jahren behandelt worden. [73] Und seit der Aussage von Minister Paul Hellyer darf gefragt werden: Wie würden wir uns verhalten, wenn plötzlich jemand behaupten würde, er (oder sie) sei nicht von dieser Welt?

Neben der vernünftigen Portion Skepsis und dem verhaltenen Grinsen würde ich fragen: »Wie wollen Sie das beweisen?« Und der/die Fremde könnte antworten: »Wie hätten Sie's denn gerne?« Ich würde darauf bestehen, der oder die (angebliche) Außerirdische möge mir eine physikalische Formel liefern, etwas wie Einsteins Relativitätstheorie, etwas, das unsere Physik und unsere Erkenntnisse über das Universum erweitert. Mit dieser Formel würde ich dann zu den Fachleuten laufen und sie bitten, die Formel zu prüfen.

Was ich hier skizzierte, ist inzwischen geschehen. In der realen Welt. Hier die Geschichte:

Der Franzose Jean de Rignies (1919–2001) aus Marseille war studierter Ingenieur und während des Zweiten Weltkrieges Pilot bei der französischen Luftwaffe. Im Jahre 1962 war er mit Vermessungsarbeiten für die heutige Straße O-1506 im Ounila-Tal in Marokko beschäftigt. Die Gegend ist trockenes Wüstengebiet. Da tauchte in der Ferne die Silhouette eines Fahrzeuges auf, das dort nicht hingehörte – es existierte ja noch gar keine Straße. In der Annahme, jemand habe sich verirrt, fuhr der Ingenieur mit einigen anderen Männern darauf zu. Beim Näherkommen registrierten sie ein verwirrendes Gebilde. Weder handelte es sich um ein Auto noch um ein Flugzeug – sondern um irgendetwas völlig Unbekanntes. Einige menschenähnliche Wesen standen darum herum, und Jean de Rignies vernahm plötzlich eine telepathische Schwingung in seinem Gehirn. Dann formierten sich wohlwollende und freundliche Gedanken in seinem Kopf, und die fremde Stimme erkundigte sich nach dem exakten geografischen Standort. Diesen zu wissen war für einen Vermessungsingenieur wie Jean de Rignier kein Problem. Also dachte er – zwar etwas verblüfft, aber interessiert – intensiv an die geografische Position ihres Standorts. Die fremden Gedanken in seinem Gehirn ließen den Franzosen wissen, dass sie weiteren Kontakt haben würden. Anschließend bestiegen die Unbekannten ihr seltsames Fahrzeug und entschwanden mit rasender Geschwindigkeit am Firmament.

In den kommenden Jahren – Jean de Rignies war längst wieder in Frankreich – empfing er spontan Botschaften mit komplizierten algebraischen Formeln und Mitteilungen aller Art. So erfuhr er, wir Erdenbürger seien die Nachfahren von Außerirdischen, mit allen Fehlern und Vorzügen. Der verdatterte, aber hochinteressierte Jean de Rignies schrieb alles fleißig in sein Notizbuch. Und diese Notizen sind heute für jedermann zugänglich.

Der Verleger Werner Betz aus Groß-Gerau veröffentlichte sämtliche Niederschriften von Jean de Rignies in dem Buch *Riss in der Matrix.* [82] Das Werk ist klug hergestellt. Auf der jeweils linken Buchseite befindet sich der französische Originaltext mit Jean de Rignies Handschrift – auf der rechten die deutsche Übersetzung. Ich beherrsche die französische Sprache einigermaßen, hatte aber größte Mühe, dem Geschreibsel von Jean de Rignies zu folgen. Da wimmelt es von algebraischen Gleichungen, von denen ich schon in meiner Gymnasialzeit nichts verstand. (Diesbezüglich bin ich nie klüger geworden.) Es geht um Formeln, die Einsteins Relativitätstheorie ergänzen sollen, doch auch um solche, wie man Quantencomputer konstruieren könne. Quantencomputer? Was ist das?

Heute kennt jedermann seinen Computer, und sei es nur in Form des Handys oder des Notebooks. Diese Computer arbeiten auf den Grundlagen der uns bekannten Physik, während

Quantencomputer beziehungsweise deren Prozessoren auf Basis quantenmechanischer Zustände funktionieren. Sie erlauben es, auch hochkomplizierte Berechnungen unfassbar schnell durchzuführen. Der Weg dazu war mühsam und teuer. 2005 gelang es erstmals am Institut für Experimentalphysik der Universität Innsbruck, Österreich, mit Quanten zu rechnen. [83] Inzwischen wurde die Entwicklung rasend schnell vorangetrieben. Es wimmelt von wissenschaftlichen Arbeiten darüber. Beinahe monatlich werden an irgendwelchen Forschungsinstituten neue Geschwindigkeitsrekorde gebrochen – noch schneller – noch komplexer. Ziel ist die Künstliche Intelligenz (AI (Artificial Intelligence)), die uns irgendwann ablösen soll.

Doch von alledem konnte der Franzose Jean de Rignies nichts wissen. In seinen Notizen schreibt er über künftige Computer, die »auf der Basis von Quanten« funktionieren. Zitat: »Wir wissen, dass die Elektronenhülle eines Atoms existieren kann, während die Elektronen verschiedene energetische Niveaus erklimmen, die auf der Erde ›die Quantenniveaus‹ genannt werden.« [82] Und dann, auf den Seiten 127 und 128 seiner Notizen, liefert Jean de Rignies die dazugehörigen algebraischen Formeln – genauso, wie ich sie als Beweis für seine Echtheit von einem Außerirdischen gefordert hätte. Zugegeben, ich bin mathematisch zu ungebildet, um die Formeln prüfen zu können, doch allein die Tatsache, dass das Gehirn eines Nichtphysikers namens Jean de Rignies schon vor Jahrzehnten über Quantencomputer schrieb und dazu verwirrende algebraische Formeln lieferte, macht mich hilflos. Was geht hier vor? Stammen die Informationen tatsächlich von einem ET? Sind diese Botschaften ein Bestandteil der Kleine-Häppchen-Methode, mit der die Menschheit langsam auf die Existenz von Außerirdischen vorbereitet werden soll? Von den UFOs über die unerklärlichen

Bilder in den Kornfeldern bis hin zu den algebraischen Formeln, die zum Quantencomputer führen?

Absurd? Herbeigewünscht? Alles Quatsch? Hirngespinste von »Kindsköpfen« (wie *Der Spiegel* behauptet)? Ich habe eine noch verrücktere Geschichte auf Lager:

Linda Moulton Howe ist eine amerikanische Journalistin mit einer hervorragenden Reputation. Ihr Studium in englischer Literatur schloss sie im Jahre 1965 an der Universität von Colorado mit »cum laude« (= gut) ab. Daraufhin studierte sie Kommunikation an der Standford University in Kalifornien, USA, und beendete dieses mit einem Master Degree (= Master-Abschluss). Von 1978 bis 1983 arbeitete sie als Direktorin für Spezialprojekte des Channel 7 des KMGH-TV in Denver, Colorado. Anschließend agierte sie als Journalistin für verschiedene Magazine und TV-Sender und machte sich dabei einen Namen als investigative Reporterin. Dabei handelt es sich um Journalisten, die das von ihnen bearbeitete, meist skandalträchtige Recherchethema vor der Veröffentlichung genau und umfassend untersuchen und schon so manche unangenehme Geschichte ans Tageslicht gebracht haben.

Ich kenne Linda seit einigen Jahren und treffe sie regelmäßig bei irgendwelchen internationalen Kongressen. So auch Ende Mai 2019 in Indian Wells, USA, beim Kongress »Contact in the Desert«. Mit Verblüffung und großer Skepsis lauschte ich ihrem Vortrag und schüttelte immer wieder den Kopf. Was Linda Moulton Howe da von sich gab, durfte, nein konnte einfach nicht wahr sein. Sachlich und emotionslos sprach sie über eine geheime Basis, die die Menschen gemeinsam mit Außerirdischen betreiben würden, und zwar in der Antarktis. Sie beharrte darauf, dass sie ihre Quellen schützen und deshalb keine Namen bekannt geben dürfe. Also alles nur ein Hirngespinst, vorgetragen von einer berühmten Journalistin?

Bild 44

Anderntags bat ich Linda Moulton Howe um ein kurzes Gespräch unter vier Augen. [Bild 44]

»Linda«, begann ich: »Willst Du Deinen Ruf ruinieren? Was soll diese Geschichte über eine geheime Basis in der Antarktis, in der Menschen und Außerirdische Informationen und sogar Technologien austauschen? Das kann doch alles nicht wahr sein?«

Linda Moulton Howe blickte mir ernst ins Gesicht. Dann griff sie nach der Tasche, die stets um ihre Schultern oder um eine Stuhllehne hing, und antwortete:

»Erich, ich zeige Dir einige Dokumente und spiele Dir über mein Handy auch Gespräche vor, die ich mit den betreffenden Wissenschaftlern und Militärs führte. Aber die Namen aller involvierten Personen bleiben geheim. Sie dürfen nicht an die Öffentlichkeit. Das habe ich den Beteiligten versprochen. Und wenn Du mir dieses Versprechen auch gibst, weißt Du bald mehr.« Ich versprach es.

Linda kramte einige Dokumente aus ihrer Tasche und erzählte, bereits vor Jahren habe sie einen Luftwaffenpiloten kennengelernt, der der damaligen Antarctic Development Squadron angehört habe. Linda zeigte mir die Kopie eines Dokumentes, darauf der Schriftzug des US-Antarctic Development Squadron VXE-6 mit dem Namen des Piloten XY und einer Ehrung, die der Mann erhalten hatte. Dann erfuhr ich, der Pilot XY sei bis 1999 mit einer C-130-Maschine regelmäßig von der Südspitze Neuseelands in die McMurdo-Sound-Region der Antarktis geflogen. Die C-130 ist eine von der Rüstungsfirma Lockheed konstruierte Propellermaschine – bestimmt für Schwertransporte in unzugängliche Regionen. Der Pilot habe ihr berichtet, über dem Gebiet der Ross Sea hätten sie immer wieder fliegende, silbern glänzende Scheiben gesichtet und auch fotografiert (Linda zeigte mir ein Bild). Die Scheiben seien zwischen die Berge geflogen und dann irgendwo spurlos verschwunden. Außer einer Flugpiste für die C-130 gebe es dort unten aber keine andere Piste. Nie habe der Pilot ein UFO gesehen, das gelandet oder gestartet sei. Wohin also entschwanden die Dinger?

Über ihren Pilotenkontakt habe Linda im Jahre 2012 den Kommandanten einer Navy-Seal-Einheit kennengelernt, der insgesamt dreimal in der geheimen Station der Antarktis gewesen sei. Die Navy Seals gelten als die härteste Militäreinheit der Welt. Ihr Training überstehen nur die Stärksten. Das Motto der Navy Seals lautet: »The Only Easy Day Was Yesterday« (»Der einzige leichte Tag war gestern«). Der Auftrag dieses Kommandanten der Navy Seals bestand darin, die geheime wissenschaftliche Station in der Antarktis zu schützen. Zwar spazieren keine Touristen über das antarktische Eis, doch Spionage- oder Terroranschläge von fremder Seite sind durchaus denkbar.

Der Navy-Seal-Mann habe ihr berichtet, im ewigen Eis dort unten liegen gigantische Hallen mit geparkten, fremden Objekten. Die Temperatur sei stets gleichbleibend, und von einigen Wänden leuchteten Schriftzeichen und Symbole nicht irdischerArt. Er habe auch einen Physiker gekannt, der ihm vor seiner Pensionierung gestanden habe, dass hier Menschen und ETs gemeinsam arbeiten würden.

»Wie lange schon?«, fragte ich mich selbst und Linda. Sie wusste es nicht. Ihr Navy-Seals-Informant habe sie aber wissen lassen, dass die Station offensichtlich schon seit Jahrtausenden existiere – seit jener Zeit, als der Homo sapiens gerade erschaffen wurde.

In diesem Fall bin *ich* der Skeptiker. Zwar glaube ich Lindas Schilderungen – schließlich zeigte sie mir Dokumente, und über ihr Handy hörte ich ein Gespräch mit dem Kommandanten der Navy Seals. Doch wer sind diese Menschen, die Geheimnisse ausplappern? Weshalb tun Whistleblower (= Enthüller), was sie tun? Ist alles dem Zweck untergeordnet, die Menschheit häppchenweise auf das Unmögliche vorzubereiten? Zu einer Basis in der Antarktis, die möglicherweise jahrtausendealt ist, fällt mir spontan die Piri-Reis-Karte ein. Darauf ist doch auch eine eisfreie Antarktis eingezeichnet – mitsamt den exakten Küstenlinien und den Inseln, die heute unter dicken Eisschichten verborgen liegen. Eine Antarktis, wie sie sich eben vor Jahrtausenden darstellte. Dies ist eine unwiderlegbare Tatsache, die nicht mehr vom Tisch zu kriegen ist.

Eine andere Tatsache ist Oumuamua, ein kleines Objekt aus dem Weltall, das am 19. Oktober 2017 entdeckt wurde. Den unaussprechlichen Namen erhielt das Ding von den Astronomen in Hawaii, die es als Erste mittels des Panoramic Survey Telescope sichteten. Auf Deutsch bedeutet Oumuamua »Botschafter aus der Vergangenheit«. Das Objekt bewegt sich schneller, als es irgendein Meteoritenbruchstück tun könnte; zudem ist es ein sehr guter Reflektor des Sonnenlichts. In der Astronomie wird das Ding als »interstellares Objekt« klassifiziert. Es handelt sich um den ersten interstellaren Gegenstand, der in unserem Sonnensystem entdeckt wurde und der nicht um unsere Sonne kreist. Inzwischen ist das Ding wieder zu weit weg, um verfolgt zu werden. Der Astrophysiker Professor Dr. Abraham Loeb von der Harvard-Universität hält es für sehr wohl möglich, dass Oumuamua ein künstliches Objekt ist, das von einem Weltraumsegel angetrieben wird. [84] Dieser Meinung schlossen sich mehrere Kollegen an. Doch anstatt in Jubel auszubrechen, herrscht in der Fachwelt betretenes Schweigen. Niemand möchte sich an Oumuamua die Finger verbrennen. Es gewinnt der übliche Herdentrieb der Wissenschaftler. Keiner traut sich, gegen den Strom zu schwimmen. UFOs? Alles Quatsch.

Weshalb starteten die Maya im fernen Zentralamerika mit der Zählung ihres Kalenders am 11. August 3113 vor Christus? Was war damals derart wichtig, dass ein neuer Kalender geschaffen wurde? Es war die Herniederkunft der Götter von der Straße der Sterne. Wie wär's, wenn alle Religionen und Kulturen der Erde mit einem neuen, einheitlichen Kalender beginnen würden? Das Jahr 2020 würde zum Jahr *EINS* des neuen Kalenders. Warum? Weil die Götter wiedergekommen sind.

Literaturverzeichnis

[1] Krauss, Rolf: »Zum archäologischen Befund im thebanischen Königsgrab Nr. 62«, in: *Mitteilungen der Deutschen Orientgesellschaft,* 1986.

[2] Frischauer, Paul: *Es steht geschrieben,* Zürich 1967.

[3] Diodorus Siculus: *Historische Bibliothek,* Band XIX.

[4] Mayer Burgstein, Stanley: *The Babylonica of Berossus,* Malibu, USA 1980.

[5] Widengren, Geo: *Hochgottglaube im alten Iran,* Uppsala 1938.

[6] Aram, Kurt: *Magie und Zauberei in der alten Welt,* Berlin 1927.

[7] Numazawa, Kiichi Franz: *Die Weltanfänge der japanischen Mythologie,* Freiburg/Br. 1946.

[8] Eusebius: *Werke, V. Band: Christliche Schriftsteller der ersten drei Jahrhunderte,* Leipzig 1911.

[9] Barthel, Thomas: »Die gegenwärtige Situation in der Erforschung der Maya-Schrift«, in: *Procceedings of the thirty-second International Congress of Americanist.*

[10] Barthel, Thomas: »Mayahieroglyphen«, in: *Bild der Wissenschaft,* Heft 6, 4. Jahrgang, Juni 1967.

[11] Stuart, David und George: *Palenque, Eternal City of the Maya,* London 2008.

[12] Wilhelmy, Herbert: *Welt und Umwelt der Maya,* München 1981.

[13] Apelt, Otto: *Platon – sämtliche Dialoge. Kritias und Timaios,* 1922 (Neuauflage Hamburg 1988).

[14] Däniken, Erich von: *Im Namen von Zeus,* München 1999.

[15] Karst, Josef: *Eusebius Werke. Die Chronik,* Leipzig 1911.

[16] Kautzsch, Emil: *Die Apokryphen und Pseudepigraphen des Alten Testaments. Das Buch Henoch,* Tübingen 1900.
[17] Berdyczweski, M. J. (Bin Gorion): *Die Sagen der Juden. Band 1: Von der Urzeit,* Frankfurt a. M. 1913.
[18] Däniken, Erich von: *Falsch informiert!,* Rottenburg 2007.
[19] *Das Pyramidenkapitel in Al-Makrizis »Hitat«,* übersetzt von E. Graefe, Leipzig 1911.
[20] Däniken, Erich von: *Der Mittelmeerraum und seine mysteriöse Vorzeit,* Rottenburg 2012.
[21] Pofalla, Boris: »All unser Wissen«, in: *Welt am Sonntag,* 8. Juli 2018.
[22] Däniken, Erich von: *Botschaften aus dem Jahr 2118,* Rottenburg 2016.
[23] Däniken, Erich von: *Was ich jahrzehntelang verschwiegen habe,* Rottenburg 2016.
[24] Landa, Diego de: *Relación de las cosas de Yucatán,* Madrid 1566.
[25] Acosta, José de: *Historia natural y moral de los Indios,* Band VI, Sevilla 1590.
[26] Fuchs, C.: »Das Leben Adams und Evas«, in: *Die Apokryphen und Pseudepigraphen des Alten Testaments,* Band II, herausgegeben von Emil Kautsch, Hildesheim 1962.
[27] Plutarch: *Lebensbeschreibungen,* bearbeitet von Hans Floerke, Leipzig 1913.
[28] Tournefort, Joseph Pitton de: *Relation d'un Voyage du Levant,* Paris 1717.
[29] Kern, Hermann: *Labyrinthe,* München 1982.
[30] Wunderlich, Hans Georg: *Wohin der Stier Europa trug,* Reinbek 1972.
[31] Sonnenberg, Ralf: »Das Rätsel der Magazine«, in: *Kosmische Spuren,* München 1989.

[32] Tripp, Edward: *Reclams Lexikon der antiken Mythologie,* Stuttgart 1974.

[33] Schwab, Gustav: *Sagen des klassischen Altertums,* Wien 1972.

[34] *Die Argonauten des Apollonius,* Zürich 1779.

[35] Schefold, Karl und Jung, Franz: *Die Sagen von den Argonauten,* München o. J.

[36] »Kebra Nagast, die Herrlichkeit der Könige«, in: *Abhandlungen der Philosophisch-Philologischen Klasse der Königlich Bayrischen Akademie der Wissenschaften,* 23. Band, München 1905.

[37] Gaius Plinius Secundus: *Die Naturgeschichte,* übersetzt von Prof. Dr. G.C. Wittstein, Leipzig 1882.

[38] Herodot: *Historien,* zweiter Band, München o. J.

[39] Mariette, August: *Le Séraphéum des Memphis,* Paris 1857 (veröffentlicht von Gaston Maspero).

[40] Schott, Albert: *Das Gilgamesch-Epos,* Stuttgart 1977.

[41] Karst, Josef: *Eusebius Werke, 5. Band, Die Chronik,* Leipzig 1911.

[42] Däniken, Erich von: *Die Augen der Sphinx,* München 1989.

[43] Diodor von Sizilien: *Geschichts-Bibliothek,* übersetzt von Dr. Adolf Wahrmund, Stuttgart 1866.

[44] Strabon: *Erdbeschreibung,* übersetzt von Dr. A. Forbiger, Berlin o. J.

[45] Skonieczny, C. et al.: »Monsoon-driven Saharan dust variability over the past 240 000 years«, in: *Science Advances,* herausgegeben von der American Association for the Advancement of Science, New York 2019.

[46] Lepsius, Richard: *Denkmäler aus Ägypten und Äthiopien,* Berlin 1849.

[47] Lepsius, Richard: *Briefe aus Ägypten,* Berlin 1852.

[48] Kimball, O. Armayor: *Herodotus' Autopsy of the Fayoum*, Amsterdam 1985.

[49] Sulzbach, A.: *Targum Scheni. Zum Buch Ester*, Frankfurt/M. 1920.

[50] Däniken, Erich von: *Erinnerungen an die Zukunft*, Düsseldorf 1968.

[51] Hapgood, Charles H.: *Die Weltkarten der alten Seefahrer*, Rottenburg 2019.

[52] *Kebra Nagast – die Herrlichkeit der Könige*, herausgegeben von Carl Bezold, 23. Band, 1. Abteilung, München 1905.

[53] Rotter, Gernot: *Al-Mas'udi: Bis zu den Grenzen der Erde*, Tübingen 1978.

[54] Däniken, Erich von: *Unmögliche Wahrheiten*, Rottenburg 2013.

[55] Däniken, Erich von: *Das unheilige Buch*, Rottenburg 2014.

[56] Makemson, Worcester M.: *The Book of the Jaguar Priest, a translation of the book of Chilam Balam of Tizimin with Commentary*, New York 1951.

[57] *Wonders of the Cosmos, Scientific-American-Sonderheft*, September 2017.

[58] *Are we alone?, Popular-Sciences-Sonderheft*, New York, Oktober 2017.

[59] *Life beyound Earth?, Special Newsweek Edition*, 9. Dezember 2017.

[60] *We are not alone, National-Geographic-Sonderheft*, März 2019

[61] »Bereit für den Kontakt?«, in: *P. M. Magazin*, Februar 2018.

[62] »Ist da draußen wer?«, *NZZ-Folio*, Nr. 336 vom Juli 2019.

[63] Cooper, Helene, Blumenthal, Ralph und Kean, Leslie: »Wow – What Is That? Navy Pilotes Report Unexplained Flying Objects«, in: *The New York Times*, 26. Mai 2019.

[63] *New York Times*/To The Stars Academy/U. S. Departement of Defense.

[64] »US-Kampfpiloten widersprechen Drohnen-Erklärung für ›Navy-UFOs‹«, unter: *grenzwissenschaft-aktuell.de,* 27. Mai 2019.

[65] »US-Senatoren werden vertraulich zu UFO-Sichtungen gebrieft«, *Kopp Report* vom 29. Juni 2019.

[66] Dreszner, Daniel W.: »UFOs exist and everyone needs to adjust to that fact«, in: *The Washington Post,* 28. Mai 2019.

[67] Evers, Marco: »9/11 aus dem All«, in: *Der Spiegel,* Nr. 25 vom 15. Juni 2019.

[68] Costa, Ch. und Miller, L.: *UFO Sightings Desk Reference. United States of America 2001–2015. Unidentified Flying Objects: Frequency – Distributions – Shapes, Syracuse,* NY, 2017.

[69] *Der Spiegel,* Nr. 31/1991.

[70] *Die Wahrheit über UFOs,* n-tv-Doku (Deutschland), 9. Juni 2015.

[71] Pope, Nick: Vortrag vom 8. April bei der »Ozark Mountain UFO Conference« in Eureka Springs, Arkansas, USA.

[72] Kean, Leslie: *UFOs. Generäle, Piloten und Regierungsvertreter brechen ihr Schweigen,* Rottenburg 2012.

[73] Däniken, Erich von: *Botschaften aus dem Jahr 2118,* Rottenburg 2018, Seite 31 ff.

[74] Mack, John E.: *Abductions – Human Encounters with Aliens,* New York 1994.

[75] Ludwiger, Illobrand von: *Ergebnisse aus 40 Jahren UFO-Forschung,* Rottenburg 2015.

[76] Fiebag, Johannes: *Kontakt – UFO-Entführungen in Deutschland, Österreich und der Schweiz,* München 1994.

[77] *The Brookings Report.* Herausgegeben vom Committee on Long-Range Studies im Auftrag der NASA, Washington, Dezember 1960.

[78] Noyes, Ralph und Busty, Taylor: *Die Kreise im Korn,* München 1991.

[79] Haselhof, Eltjo: »Opinions and comments: Dispersion of energies in worldwide crop formations«, in: *Physiologia Planetarum,* S. 123–125, Eindhoven, Niederlande, 2000.

[80] »Is this evidence of alien life near Earth? Controversial scientist says he has found MORE organisms 25 miles above the planet«, in: Mail Online, *https://www.dailymail.co.uk/sciencetech/article-3027630/Is-evidence-alien-life-near-Earth-Controversial-scientist-says-organisms-25-miles-planet.html,* 6. April 2015, Update: 7. April 2015.

[81] »Alien Technology: The best hope to save our Planet«, in: *Ottawa Citizen,* Kanada, 28. Februar 2007.

[82] Betz, Werner, Vits, Udo und Ampssler, Sonja: *Riss in der Matrix. Begegnung mit einer anderen Dimension,* Groß-Gerau 2019.

[83] Meier, C. J.: *Eine kurze Geschichte des Quantencomputers,* Hannover 2015.

[84] »Oumuamua: ein künstliches Objekt?«, in: *Space. Das Weltraum-Magazin,* Mai 2019.

Bildquellen

Bilder 39+40: Charles H. Hapgood, New York 1966.
Bilder 41–43: Patrick Wenger.

Alle anderen Bilder: Archiv Erich von Däniken, CH-3803 Beatenberg (mit mehreren Aufnahmen von Ramon Zürcher).